NOTION

DU DROIT ET DE L'OBLIGATION.

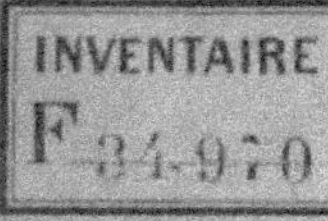

NOTION

DU DROIT ET DE L'OBLIGATION

PAR

Daniel de FOLLEVILLE

AVOCAT A LA COUR D'APPEL DE DOUAI

PROFESSEUR DE CODE CIVIL A LA FACULTÉ DE DROIT.

Prix 2 fr. 50 c.

PARIS	DOUAI
Chez E. THORIN, Libraire,	Chez tous les
7, rue de Médicis, 7.	Libraires.

1873

NOTION

DU DROIT ET DE L'OBLIGATION

PAR

Daniel de FOLLEVILLE

AVOCAT A LA COUR D'APPEL DE DOUAI

PROFESSEUR DE CODE CIVIL A LA FACULTÉ DE DROIT.

———

Prix 2 fr. 50 c.

———

PARIS	DOUAI
Chez E. THORIN, Libraire,	Chez tous les
7, rue de Médicis, 7.	Libraires.

1873

AVANT-PROPOS

I. Sous ce titre, *Notion du droit et de l'obligation*, nous publions la leçon d'ouverture de notre cours triennal, avec les trois leçons suivantes. Nous avons ajouté, en *appendice*, une explication sommaire de l'art. 6 du Code civil.

II. La première leçon, leçon d'ouverture, est consacrée à l'indication de notre méthode d'enseignement, et à diverses recommandations indispensables au début des études de droit, afin de prémunir MM. les étudiants contre certains procédés défectueux d'initiation. Elle contient également des aperçus généraux sur l'esprit de transaction qui a présidé à la rédaction du Code civil.

III. La seconde et la troisième leçons ont pour objet l'exposition du plan matériel de ce Code, avec l'énumération des lois nouvelles qui sont venues le modifier, depuis sa promulgation. L'on y rencontre également les notions philosophiques et juridiques sur la loi, la morale et le droit, qui sont le préliminaire nécessaire de toute étude rationnelle de la législation. Là enfin sont tracées les différentes divisions du droit, avec les définitions et les observations qui se rapportent à chacune de ces divisions. Comparez notre *Sommaire des Prolégomènes du cours de Code civil*, page 10, n°s 3 à 25.

IV. Dans la quatrième leçon, notablement retouchée et augmentée, se trouve la théorie des différentes espèces de devoirs, *sensu lato*, — devoirs purement moraux, ou obligations de conscience, — devoirs juridiques naturels, ou obligations naturelles, — devoirs juridiques positifs, ou obligations civiles. Cette distinction célèbre, dont l'application a soulevé tant de controverses, se représente, à plusieurs reprises différentes, dans le Code civil, particulièrement à propos des art. 203, 204, 1235, 1965 à 1967, etc. Elle est, d'ailleurs, assez mal saisie par la plupart de MM. les étudiants (je parle des meilleurs), et nous avons même parfois rencontré des aspirants au doctorat singulièrement hésitants en face du *criterium* à adopter sur ce point. La fin de la leçon contient l'exposition anticipée de la division des droits en droits réels et en droits personnels, dont le rayonnement s'étend jusqu'aux plus extrêmes limites du domaine de la législation. L'importance considérable de cette division, au point de vue pratique, est soigneusement précisée.

V. Nous avons essayé, en commentant, sous forme d'appendice, l'art. 6 du Code civil, de fournir, d'après l'état actuel de la doctrine et de la jurisprudence, un *criterium* rationnel, permettant d'apprécier, avec la plus grande certitude possible, au point de vue doctrinal, si une loi donnée doit être considérée comme se rattachant à l'intérêt général et à l'ordre public, ou au contraire, comme touchant seulement aux intérêts privés. La difficulté est grande, on le sait, sur ce point; et pourtant elle est indispensable à résoudre pour l'étude de textes nombreux, et notamment pour l'explication des art. 900, 1131, 1133 et 1172 du Code civil. Nous avons ajouté une digression sur le rôle de la Cour de cassation et l'étendue de ses attributions.

VI. C'est surtout à propos de semblables matières qu'il importe de prémunir la jeunesse contre une tendance déplorable à se payer de mots ou à se contenter d'idées imparfaitement arrêtées. Cette brochure s'adresse dès lors, non-seulement aux élèves qui préparent leur premier examen, mais encore à ceux des autres années; elle tend à vulgariser des notions, élémentaires sans doute, mais trop souvent imparfaitement comprises : elle aura, en tout cas, l'avantage de nous permettre d'éviter, dans notre cours, des redites ultérieures.

Douai, le 21 janvier 1873.

DANIEL DE FOLLEVILLE.

NOTION
DU DROIT ET DE L'OBLIGATION.

(Première leçon.)

Messieurs,

1. Nous allons commencer aujourd'hui l'étude du Code civil, et notre vie commune ne prendra fin qu'à l'expiration de vos trois années de droit, lorsque vous aurez conquis votre diplôme de licence. La carrière que nous avons à parcourir ensemble est donc, comme vous le voyez, assez vaste et assez longue : — je ne suis point, pour ma part, tenté de m'en plaindre.

2. C'est, au contraire, à mes yeux, l'un des priviléges de l'enseignement du Code civil, de permettre à celui qui en est chargé, de vous suivre pas à pas dans vos études, de constater chacun de vos progrès quotidiens, d'encourager vos efforts, de relever parfois vos défaillances, de saisir enfin et de développer le germe des qualités éminentes du raisonnement et de l'intelligence, qui feront plus tard de vous, au jour de leur complet épanouissement, des jurisconsultes sérieux et des hommes vraiment utiles à leur pays.

3. J'ai déjà vu plusieurs générations d'étudiants se presser au pied de cette chaire, et elles m'ont donné, partout et toujours, (je suis heureux de leur rendre ce témoignage

mérité), grand encouragement et profonde satisfaction. Les liens d'amitié formés alors n'ont fait, avec le temps, que se resserrer plus étroitement, et je trouve aujourd'hui, soit dans le monde, soit dans la vie du barreau, mes meilleures relations, parmi ceux qui ont commencé autrefois par faire ici, l'apprentissage du droit.

C'est sur ce terrain, Messieurs, que j'entends encore me placer avec vous : vous voudrez bien, je l'espère, vous aussi, me considérer surtout comme un *aîné*, qui, un peu plus avancé que vous dans la carrière, est heureux de pouvoir vous tendre la main, pour vous en faciliter l'accès et aplanir devant vous, les aspérités de la route.

Vous êtes maintenant des hommes, et j'entends vous traiter comme tels : je vous demande, en revanche, le travail volontaire et l'acceptation de cette solidarité puissante de nos vieilles Écoles, laquelle, unissant étroitement les étudiants et les maîtres, en faisait comme les membres d'une même famille, se réjouissant des mêmes joies, souffrant des mêmes douleurs et se soutenant mutuellement, dans le fonctionnement pratique de leurs prérogatives légitimes.

4. Le meilleur moyen de préparer le succès de vos études, c'est d'unir nos efforts sous une direction sagement entendue et d'adopter dès à présent, une méthode correcte et sûre.

Je vous demande donc la permission de vous faire connaître tout d'abord le *plan de mon enseignement*, et de vous indiquer sommairement ensuite la *marche* que, dans votre intérêt, je vous engage *à suivre*.

5. D'abord voici le plan de mon enseignement :

Lorsque j'ai abordé l'exposition du Code civil dans cette Faculté, j'avais à choisir entre deux méthodes également connues :

La méthode dite *dogmatique* ;

Et la méthode dite *exégétique*.

La première, (la méthode *dogmatique*), consiste à distribuer systématiquement et, suivant l'ordre logique des idées, les divers principes de chaque matière, *sans se préoccuper d'ailleurs* du mode de distribution adopté par le législateur.

La méthode *exégétique* tombe, elle, dans l'excès contraire : elle suit pas à pas les textes, en les accompagnant d'un simple commentaire, sans aucune division générale.

J'ai pensé que l'*alliance* de ces deux méthodes serait pour vous une excellente initiation aux principes du droit, en vous apportant les avantages de la synthèse, et en vous ramenant d'ailleurs toujours aux textes mêmes du Code civil qui doivent former la base de mes explications.

En conséquence, sur chacun des titres du Code civil, je vous présenterai tout d'abord, une division doctrinale et méthodique : mais ensuite je m'arrangerai pour y faire rentrer les différents textes, *en changeant le moins possible leur ordre numérique*. J'aurai toujours soin, d'ailleurs, avant de vous expliquer un article, de vous le lire préalablement. C'est toujours, en effet, à la lettre de la loi qu'il faut surtout s'attacher.

6. Toutefois, n'allez pas croire que j'entende me renfermer exclusivement dans une sèche et froide analyse des formules législatives. Telle n'est point, à mes yeux, la mission de celui qui enseigne le Droit, cette science que Pindare appelait *la reine des mortels et des immortels* (1), et que Mirabeau, sur le seuil de la Révolution française, au milieu de l'écroulement immense d'un ordre de choses qui avait eu ses grandeurs, affirmait être *la souveraine légitime et la dominatrice nécessaire du monde*.

Je l'ai dit ailleurs (2) : la science juridique n'a pas seulement pour objet l'explication des textes : elle suppose aussi la recherche et la connaissance préalables du type idéal ou rationnel, auquel toute bonne législation doit être ramenée. Il n'est point permis à l'interprète des lois de s'incliner servilement devant la formule promulguée : il doit, au con-

---

(1) Plutarque, *Œuvres morales : Il faut qu'un prince soit instruit.*

(2) Voir l'avant-propos de notre *Sommaire des Prolégomènes*, du titre préliminaire et des titres 1 et 3 du Code civil

traire, porter plus haut son esprit d'investigation, en essayant toujours de remonter aux principes, afin de dégager l'idée vraie du droit : *sursùm corda*.

Cette direction des études est indispensable, si l'on veut former, au sein des Ecoles, des jurisconsultes sérieux, c'est-à-dire des hommes, unissant au sens pratique le plus net la notion et le culte des règles primordiales de justice et de morale.

Il convient d'éclairer le droit par l'*histoire*, ce monument vénérable de la tradition des siècles, qui nous révèle l'origine, les progrès et la décadence des diverses institutions humaines, avec les causes génératrices de leurs plus importantes vicissitudes. Il faut contrôler la légitimité des lois par la *philosophie*, à laquelle il appartient, en plaçant le devoir à côté du droit, d'affirmer ce qui est bien, ce qui est vrai au point de vue d'une détermination théorique et absolue. Il faut tenir compte enfin des développements de l'*économie politique*, cette science née d'hier et déjà si avancée dans sa formation, qui étudie les lois naturelles du capital et du travail, parlant aux hommes au nom de l'*utile*, comme la philosophie leur parle au nom du *vrai* et du *juste*, comme l'histoire leur parle au nom de l'*expérience*. La jurisprudence ne peut avancer sûrement dans la voie du progrès, qu'autant que ses maîtres prendront soin de puiser aux différentes sources que nous venons d'indiquer : autrement il resterait quelque chose d'incomplet et comme de décoronné dans l'exposition du droit positif.

Il est également nécessaire, à mon avis, d'accorder une large place aux décisions des tribunaux, qui, sur beaucoup de points, forment aujourd'hui un dépôt si considérable de maximes et de documents importants. Vous devez vous accoutumer, messieurs, dès le début, à vous préoccuper sur chaque question, non-seulement des affirmations de la doctrine, mais encore de ce qui se juge au Palais, tout en réservant, pour tous les cas, la liberté absolue d'examen et de contrôle. L'éminent doyen de la Faculté de droit de Caen, M. Demolombe, dit avec raison, dans la

préface de son excellent *Cours de Code civil* (t. 1, p. iv
et vii) : « J'ai toujours déploré cette espèce de divorce
que l'on remarque parfois entre la théorie et la pratique,
et ces dédains réciproques qu'elles se témoignent si mal à
propos de part et d'autre: comme si la théorie, étrangère
aux progrès du temps et des mœurs, privée des enseigne-
ments de l'expérience, ne devait pas dégénérer bientôt en
une vaine spéculation ! Comme si la pratique, sans méthode et sans règles, n'était pas autre chose, à son tour,
qu'une pitoyable et dangereuse routine !... Rien n'est donc
plus nécessaire et plus désirable que leur alliance, pour
conserver à la science du Droit son caractère essentiel,
pour la maintenir dans sa voie, pour la diriger enfin vers
le but marqué à ses efforts, c'est-à-dire vers un but d'application utile, positive et pratique, *ad usum communis
vitæ (Leibnitz, Nova Methodus)* : car tel est véritablement
le Droit, science active et militante, toujours en présence
des faits qu'elle a pour mission de gouverner. Et voilà
bien pourquoi les jurisconsultes se forment et s'éclairent,
non moins que dans les livres, par l'observation attentive
des mœurs et des besoins de la société, et de tous les intérêts comme de toutes les passions qui s'y agitent.... —
Veram philosophiam, non simulatam affectantes ! (L. 1, § 1,
ff. *de justitiâ et jure.*) Je remarque d'ailleurs aussi, d'année
en année, combien plus nos jeunes disciples apprécient la
nécessité d'un enseignement qui leur permette de passer de
l'École au Palais, sans être obligés de recommencer, pour
ainsi dire, leurs études, sans être exposés aux perplexités
et aux découragements qui sont presque toujours les premiers fruits de cette instruction vague et abstraite, qui n'a
rien appris de tout ce qui est et de tout ce qui se fait
dans la réalité. » J'ajoute que cette union si désirable de la
théorie et de la pratique est, au fond des choses, bien facile à
réaliser: il suffit que le professeur, sans rien abdiquer d'ailleurs de son indépendance d'appréciation, prenne soin de
préciser, à propos de chaque question controversée, et
après l'avoir résolue avec une liberté complète, quel est

l'état actuel de la jurisprudence pratique, par le renvoi à l'un des arrêts ou des jugements les plus récents.

Pour ma part, je ne manquerai jamais de le faire, en telle sorte, que vous trouverez toujours dans mon cours, à côté du développement doctrinal des difficultés juridiques, l'indication de la manière dont elles sont le plus habituellement tranchées par les tribunaux, — *series rerum perpetuò similiter judicatarum.* (L. xxxviii, ff. *de legibus.*) Ce point formera même souvent l'objet de mes interrogations à l'époque des sessions d'examens.

Par ce mode d'enseignement, Messieurs, vous serez constamment mis à même de pouvoir suivre pas à pas les progrès et l'application de la science à l'interprétation de laquelle la vie de la plupart d'entre vous doit être consacrée : et quand, vous et moi, nous nous retrouverons plus tard, au terme de nos travaux d'école, dans la grande confraternité du barreau, j'aurai la consolation et la joie d'avoir pu vous épargner plus d'un embarras, en vous initiant, par avance, au mouvement de la vie et des affaires qui vous saisira et vous emportera bientôt.

En dernière analyse, rechercher d'abord ce qui est *rationnel*, puis ce qui est *légal*, en tenant un compte suffisant de la *tradition historique*, enfin préciser ce qui serait *pratique* et *économiquement* utile, telle sera, devant vous, ma préoccupation constante.

7. Mais pour voir mes efforts couronnés de succès, j'ai absolument besoin de votre concours à la fois dévoué et éclairé : ceci m'amène à vous indiquer la *marche* que, dans votre intérêt, je vous engage à *suivre*.

Ma première recommandation, c'est *l'exactitude aux leçons de la Faculté*. Et n'allez pas croire que j'obéisse, en vous donnant ce conseil, à un sentiment puéril d'égoïsme ou d'amour-propre. Tenez pour certain que la fréquentation assidue des cours est, pour vous, le meilleur moyen de bien apprendre, et de préparer facilement vos examens de fin d'année. Je vous affirme que, tout ce que je sais moi-même, je le dois surtout à l'école. Vous rencontrerez,

d'ailleurs, dès cette année, un certain nombre de lois nouvelles, dont l'explication ne se trouve pas dans les commentaires classiques, par l'excellente raison que ces commentaires étaient déjà publiés au moment de leur promulgation. A ce point de vue, rien ne peut remplacer pour
vous la fréquentation de l'école.

Toutefois, ce n'est pas tout d'assister à un cours, de
l'écouter attentivement, ni même de saisir, au fur et à
mesure qu'elles se produisent, les explications qui vous
sont données. Les principes, exposés dans la leçon orale,
s'effaceraient promptement de votre esprit, si vous ne pre-
niez soin de les fixer, dans votre souvenir, par l'écriture. Il
faut donc assister au cours, la plume à la main, et *prendre
des notes*, que vous relirez ensuite, que vous rédigerez au
besoin et que vous compléterez, en tout cas, par la lecture
d'un bon livre élémentaire.

La rédaction des notes, par vous recueillies, vous procu-
rera un triple avantage : vous arriverez ainsi à mieux préciser les idées développées devant vous; vous vous habi-
tuerez plus rapidement au langage juridique; enfin, vous
aurez, à la fin de vos études, un traité complet, souvent
fort utile à consulter, sur chaque partie de la législation.

Il arrivera, sans doute, quelquefois, que vous vous
trouverez dans l'impossibilité, faute de temps, de rédiger
entièrement, après coup, les notes prises au cours : en vue
de cette éventualité, prenez l'habitude de recueillir vos
notes sur la moitié d'une feuille de papier pliée en deux
parties, de manière à vous réserver une moitié disponible
pour recevoir les adjonctions complémentaires que vous
suggéreront soit vos souvenirs, soit la lecture des auteurs.

Ne perdez pas de vue, d'autre part, que le plus sûr
moyen de prendre facilement de bonnes notes consiste dans
une *préparation*, *faite à l'avance*, *de la matière* qui doit
être expliquée au cours. Je vous soumets là un conseil
pratique fort utile et trop souvent négligé.

Sur le Code civil, je vous donnerai, chaque semaine,
quatre leçons, ce qui me permettra de me livrer à un dé-

veloppement suffisamment approfondi des matières du programme : la durée moyenne de chacune de ces leçons sera de une heure trente-cinq minutes. Je m'arrêterai seulement, durant quatre ou cinq minutes, vers le milieu de la leçon, pour laisser quelques instants de repos nécessaire aux esprits trop tendus et aux doigts fatigués d'écrire. J'ai adopté, sur ce point, l'usage suivi par plusieurs de mes éminents collègues de la Faculté de droit de Paris, usage dont vos devanciers ont pu apprécier les avantages.

Habituez-vous à *étudier attentivement les textes*, et ne vous bornez pas aux commentaires qui seront dans vos mains. Venez au cours, en apportant un Code ; car les articles traités seront lus en chaire, et je ne manquerai jamais de soigneusement préciser, tout d'abord, les hypothèses prévues par chacun d'eux. Tenez pour certain que la solution des questions les plus ardues se trouve toujours, en dernière analyse, dans les textes qui constituent, pour nous, la loi vivante, la loi applicable et obligatoire.

La connaissance des textes vous sera encore indispensable au point de vue des examens et des concours de fin d'année.

(Ici le professeur entre dans quelques détails sur l'organisation des *concours* et sur les avantages qui y sont attachés, sur les *examens* d'école, enfin sur les *livres élémentaires* qu'il convient d'adopter. Il recommande la lecture des *travaux préparatoires* du Code civil, (recueil Locré ou recueil Fenet), à ceux qui veulent se bien pénétrer de l'esprit des lois).

Je vous conseille enfin, Messieurs, l'inscription aux *conférences facultatives*, dirigées par MM. les agrégés de la Faculté. Les droits universitaires sont peu élevés : ils ont été portés à soixante francs par an une fois payés. Le profit que vous pourrez retirer de cette institution est considérable : il existe surtout au triple point de vue que voici :
— 1° Vous y trouverez une grande économie de temps et de travail, avec la certitude de n'abandonner aucun principe, sans l'avoir bien compris ; en effet, vous exposez vos doutes

au maître de conférences : celui-ci vous donne immédiatement l'explication demandée , ce qui vous épargne des recherches toujours longues et des embarras quelquefois
inextricables ; — 2° Vous vous accoutumez à parler le
langage juridique, à bien poser et saisir les questions, à
vous exprimer correctement , ce qui est essentiel dans
toutes les carrières auxquelles pourra vous mener l'étude
du droit ; — 3° J'ajoute que, comme préparation prochaine
aux examens, la fréquentation des conférences est un élément considérable de succès : non-seulement, en effet, vous
êtes ainsi familiarisés avec les difficultés qui pourront vous
être soumises ; mais encore , vous retrouverez, dans le jury
d'examen , votre maître de conférences prêt à vous soutenir
et à vous encourager.

Surtout, n'attendez pas, pour vous faire inscrire , les
deux derniers mois de l'année , comme plusieurs ont eu ,
par le passé , l'habitude de le faire : sans doute , mieux
vaudrait tard que jamais ; mais vous obtiendriez des résultats moins avantageux, parce que vous ne pourriez voir
alors , en détail, que la partie des matières à l'étude de
laquelle seraient arrivés vos condisciples.

Enfin , ai-je besoin de vous prémunir contre cette idée
peu réfléchie , suivant laquelle, la première année de droit
serait d'une médiocre importance, et pourrait être , sans
grand inconvénient , consacrée presque toute entière aux
douceurs du *far niente* et à la dissipation, sauf à travailler
à l'approche du dernier mois précédant l'examen ? Une semblable pensée, vous le pressentez d'avance, serait absolument contraire à la vérité, et son application pratique pourrait vous devenir singulièrement fatale : travaillez plutôt ,
afin de préparer les assises de fortes études, et de n'avoir
pas à regretter plus tard le temps imprudemment perdu.

Que s'il vous reste parfois quelques loisirs, ne négligez
pas l'étude des lettres , littérature classique, littérature
contemporaine , littérature ancienne : car, les lettres et le
droit se prêtent un mutuel appui ; et si j'avais la mission
de vous faire connaître la biographie de nos grands juris-

consultes, je vous les montrerais se reposant des fatigues
de consultations épineuses par la culture des belles-lettres,
et puisant à cette source élevée les meilleures inspirations
de leurs éloquentes plaidoiries comme de leurs savants
écrits : rappelez-vous Cicéron , orateur et praticien à la
fois, s'écriant dans ce magnifique langage dont il a le secret :
« *Hæc studia adolescentiam alunt , senectutem oblectant ,
secundas res ornant , adversis perfugium ac solatium præ-
bent ; delectant domi , non impediunt foris ; pernoctant no-
biscum , peregrinantur, rusticantur.* — Les lettres servent
d'aliment à l'adolescence et d'amusement à la vieillesse ;
elles embellissent nos jours prospères , et nous offrent,
dans le malheur, un refuge , une consolation : elles veillent
avec nous ; elles nous accompagnent dans nos voyages ;
elles nous suivent encore aux champs. » (Cicéron , *pro Ar-
chiâ poetâ* , chap. vii.)

J'ajoute une observation : peut-être, surtout dans les premiers temps , rencontrerez-vous des difficultés imprévues ;
peut-être trouverez-vous dans quelques-unes de mes explications des obscurités ou des lacunes : car je ne me flatte
pas de pouvoir atteindre toujours à une irréprochable
clarté, ni d'éviter toujours les omissions, les erreurs même :
« *Errare humanum est.* » Je serai alors à votre disposition pour dissiper vos doutes et lever vos scrupules : j'ai
l'habitude de sortir le dernier de l'amphithéâtre , précisément pour permettre ces communications réciproques, dans
le cas où vous les jugeriez nécessaires.

8. Il me reste maintenant , Messieurs, à vous demander pardon d'avoir ainsi accumulé les conseils pratiques
de toute sorte : mais cela m'a paru indispensable , pour
vous éviter des erreurs préjudiciables à vos intérêts. Plus
la science que vous vous proposez d'étudier est utile et élevée , plus aussi il est du devoir de ceux qui l'enseignent
de vous prémunir contre les écueils possibles et contre les
procédés défectueux d'initiation. Le jurisconsulte Ulpien
nous apprend que la *jurisprudence* est la connaissance à
la fois des choses divines et humaines , — *divinarum atque*

humanarum rerum notitia, — parce qu'en effet, recevant
ses inspirations de la morale la plus pure, elle leur imprime
la sanction du pouvoir social, après les avoir appropriées
aux exigences du temps et du pays : science active et militante, toujours aux prises avec les faits de la vie pratique, elle est nécessairement l'expression la plus haute,
la plus éclatante de la civilisation des peuples : science de
raisonnement, elle développe l'intelligence, et elle agrandit
les idées. Voilà bien pourquoi le même Ulpien, caractéri-
sant la mission des adeptes du droit, « *juri operam da-*
turi, » leur présentait la mission du jurisconsulte comme
un véritable sacerdoce, *meritò quis nos sacerdotes appellet ;*
justitiam namque colimus, et boni et œqui notitiam profi-
temur; œquum ab iniquo separantes, licitum ab illicito dis-
cernentes ; bonos non solum metu pœnarum, verùm etiam
præmiorum quoque exhortatione efficere cupientes ; veram,
nisi fallor, philosophiam, non simulatam affectantes. »
Pour moi, Messieurs, je considérerai mon œuvre comme
accomplie, si, au sortir de vos trois années d'école, vous
emportez, dans les différentes carrières de votre choix,
avec une connaissance suffisante de la théorie et l'instinct
de la pratique, le goût de l'étude, l'amour des choses élevées, le culte du beau, du vrai et du juste : car c'est là
le fond du droit, de celui-là du moins qui fait les hommes
et qui trempe les caractères.

9. Je vais maintenant aborder l'exposition des préliminaires du programme de première année : le programme
du premier examen du baccalauréat comprend, pour le
droit civil, le premier et le dernier article du titre préliminaire, avec les deux premiers livres du Code civil, en
retranchant toutefois du titre iv (liv. i^er), consacré à la
Théorie des absents, les deux premières sections du chapitre iii. (Arrêté du Conseil royal de l'Instruction publique
du 22 septembre 1843, relatif aux examens dans les Facultés de droit.)

10. Je consacrerai la fin de mon cours d'aujourd'hui
et mes trois prochaines leçons, en entier, à l'examen suc-

cessif, (sous le titre général de *préliminaires*), des quatre points suivants, essentiels à connaître avant d'aborder l'étude des textes :

1° De l'esprit qui a présidé à la rédaction du Code civil : quels sont les principes fondamentaux qui servent de base à ses dispositions ?

2° Quelle est l'économie générale et le plan matériel du Code civil, avec l'énumération des lois nouvelles qui sont venues le modifier, depuis sa rédaction, sous des rapports plus ou moins essentiels ?

3° Notions philosophiques et juridiques sur la *loi*, la *morale* et le *droit*.

4° Théorie sommaire des différentes espèces de devoirs (*sensu lato*) ou d'obligations. — Distinction des droits réels et des droits personnels ou droits de créance.

PRÉLIMINAIRES [1]

CHAPITRE PREMIER

De l'esprit qui a présidé à la rédaction du Code civil; quels sont les principes fondamentaux qui servent de base à ses dispositions ?

11. Le droit d'un peuple ne se forme pas en un seul jour. Précisément parce qu'il est l'expression la plus haute

[1] Nous avons encore l'habitude, avant d'aborder le titre préliminaire du Code civil, de donner à MM. les étudiants des notions abrégées sur les principales divisions historiques du droit civil français, avec des détails circonstanciés sur les travaux préparatoires et sur le mécanisme de la rédaction du Code civil et des autres Codes. Nous leur faisons également connaître l'organisation des grands pouvoirs publics français. Nous pensons ainsi répondre au vœu exprimé par la haute Commission des études de droit. Voyez dans *la Revue critique de législation*, p. 577 et suivantes, t. 1 (1871-1872, 21° année, nouvelle série), le rapport présenté par M. Accarias : nous nous associons pleinement

de la civilisation, il en subit toutes les vicissitudes : il se modifie, se développe et se perfectionne avec elle, et l'on a eu raison de dire qu'une bonne législation est toujours *l'œuvre du temps et de l'expérience.* Comparez MM. Aubry et Rau, t. ı, § 15 et 16, p. 24 et 25. — M. Laurent, *Principes de droit civil français*, t. ı, nᵒˢ 19 à 30.

Je ne vous étonnerai point dès lors, Messieurs, en vous disant que le Code civil est surtout une œuvre de transac-

aux vœux si justes émis par la haute Commission, en faveur de la création, dans toutes les Facultés, d'un cours spécial d'introduction à l'étude du droit, avec la sanction d'une boule d'examen à la fin de l'année. Ce cours, dit M. Accarias, « qui, sous le nom moins français d'*encyclopédie du droit*, produit d'excellents résultats en Allemagne et en Belgique, a déjà existé à la Faculté de Paris, et s'il n'y a pas réussi, cela tient peut-être à ce qu'on avait négligé de lui assurer la sanction d'un examen ; sûrement, cela ne tient pas à son objet : car, aucun cours n'est plus propre à ouvrir l'esprit de l'étudiant qui débute, à lui montrer la nature et l'étendue du terrain sur lequel il s'engage, et par conséquent à l'attacher. Dans la pensée de la commission, ce cours devrait, comme son nom même l'indique, être placé en première année, et il comprendrait un triple objet, savoir : *les principes du droit naturel, la classification et l'histoire abrégée du droit, et les éléments de l'organisation des pouvoirs publics.* — Le droit naturel formerait une heureuse transition entre l'enseignement, tout d'abord aride, du droit positif, et les recherches plus larges de la philosophie, qui couronnent et complètent les études classiques. Il dégagerait le lien intime des deux sciences et montrerait comment l'une procède de l'autre. Dès le début, l'étudiant apprendrait que, si l'arbitraire se glisse souvent dans la réglementation législative, le droit néanmoins, considéré dans ses principes généraux, n'est pas, ne peut pas être arbitraire, mais qu'il a une raison d'être permanente dans des faits indépendants de l'autorité, dans des lois psychologiques et économiques que l'homme n'a pas faites, et qu'il ne lui est pas donné de défaire. Grâce à une bonne classification du droit, au lieu de s'avancer comme à tâtons et dans un pays sans lumière, il se ferait tout de suite une idée exacte et complète de la science juridique, aperçue tout à la fois dans la variété de ses divisions et subdivisions, et dans l'harmonie de son ensemble. Pour savoir ce que c'est que le droit criminel, le droit administratif, le droit des gens, etc., il n'attendrait pas d'aborder spécialement l'étude de ces diverses branches. Enfin, un exposé sommaire de l'organisation des pouvoirs publics le munirait d'une foule de notions auxiliaires qui, outre qu'elles sont nécessaires même à l'homme du monde, reviennent à chaque instant dans l'explication des lois, et ne sont jamais entièrement saisies, que quand elles ont été étudiées pour elles-mêmes et non pas incidemment. » La brochure que nous publions actuellement, sous le titre, — *Notion du droit et de l'obligation,* — ne contiendra pas les développements historiques, ni l'exposition de l'organisation des pouvoirs publics français : son objet sera limité aux notions philosophiques et juridiques. Voyez *suprà* nᵒ 10. Comparez notre *Sommaire des Prolégomènes du Code civil,* pages 14 et suivantes, nᵒˢ 40-184.

tion, dans la composition de laquelle ses rédacteurs ont puisé à différentes sources, en les complétant, en les modifiant, en les coordonnant entre elles, de manière à former un tout harmonique et scientifique. Le droit romain et les coutumes, les ordonnances royales, l'ancienne jurisprudence et le droit intermédiaire, le droit canon lui-même et les décisions les plus considérables des parlements, tout a été mis à profit : je ne saurais avoir ici la prétention de de vous faire connaître individuellement chacun des emprunts qui ont été faits à ces différentes sources : une année entière ne suffirait pas à cette exposition assurément fort intéressante, mais dont les textes du Code nous fourniront l'occasion de retrouver les principaux éléments. Je me bornerai à vous signaler aujourd'hui les principaux vestiges du Droit Canon, qui se retrouvent surtout en matière de mariage : nous lui devons, par exemple, le grand principe de l'indissolubilité de l'union conjugale, les règles sur le mariage putatif (art. 201 et 202), la théorie des empêchements au mariage (art. 161 et suivants), l'idée de l'établissement des registres de l'état civil, dont la tenue régulière intéresse, à un si haut point, les familles et la société toute entière (art. 34 et suivants). C'est encore dans le droit canonique que l'on a puisé le principe, consacré par l'art. 130 du Code de procédure civile, d'après lequel celui qui succombe dans une instance est condamné aux dépens. Nous signalerons aussi la limitation, (si vivement attaquée de nos jours par les économistes), du taux de l'intérêt de l'argent par la loi du 3 septembre 1807 : car cette limitation trouve son origine première dans les prohibitions rigoureuses et absolues des Décrétales émanant des papes.

12. Enfin je dois vous indiquer sommairement quelques principes fondamentaux (la plupart de droit nouveau), lesquels servent de base au Code civil envisagé, comme nous le faisons actuellement, au point de vue de son esprit et de ses tendances générales. Ces principes sont surtout les quatre suivants :

1° *Egalité de tous les Français devant la Loi.* — Vous vous rappelez, Messieurs, que ce grand principe fut proclamé, pour la première fois, par l'Assemblée nationale dans la fameuse *Déclaration des droits de l'homme*, art. 1er. Ainsi donc, aujourd'hui, plus de priviléges de castes, plus de prééminence de l'aîné sur le puîné, des fils sur les filles, de l'homme en général sur l'homme ; plus de prérogatives seigneuriales ; plus de droits d'aînesse et de masculinité en matière de succession : tous les Français sont égaux devant la Loi. Ces idées nous apparaissent actuellement avec la clarté de l'évidence la plus absolue. Toutefois, Messieurs, si vous voulez apprécier tout ce que nous devons, sur ce point, au droit moderne, il suffit de vous rappeler que, durant près de dix-huit siècles, les idées contraires ont été universellement acceptées !!!

2° *Séparation absolue de l'Eglise et de l'Etat*, — du droit civil et du droit ecclésiastique : — *le droit civil doit rester indépendant des croyances religieuses :* — Non pas, Messieurs, que notre loi française, suivant une expression demeurée célèbre, *soit athée :* mais c'est que le législateur humain, renfermé dans les limites étroites du temps et de la durée, est obligé de se préoccuper avant tout de l'intérêt général, de l'utilité commune ; il doit dès lors s'élever au-dessus des idées particulières, pour formuler celles seulement des règles de morale, qui deviendront *légalement* obligatoires, parce que leur observation est plus immédiatement essentielle à la marche et au progrès des sociétés. Aussi, a-t-on dit avec beaucoup de raison, que, sans être athée, *la loi était et devait rester laïque.* C'est qu'en effet, remarquez-le bien, elle est *une* pour tous, elle est obligatoire pour tous les citoyens, quelles que soient les persuasions intimes de chacun : elle ne pourrait, sans aboutir à l'intolérance et à la tyrannie, adopter une profession de foi exclusive : aussi garde-t-elle une sage neutralité, laissant à chaque citoyen la responsabilité de ses convictions, et respectant son indépendance et ses croyances particulières.

Troisième principe fondamental, sur lequel reposent les

préceptes du Code civil : — *Respect de la liberté individuelle, et garantie de l'inviolabilité de la propriété*, ou , plus
généralement , inviolabilité de la personne humaine , au
double point de vue des manifestations de sa liberté, et du
droit de propriété. L'excellence et la nécessité de semblables
principes se démontrent suffisamment par elles-mêmes, sans
qu'il soit besoin de les justifier longuement. Le mot célèbre , *la propriété, c'est le vol*, n'est en réalité qu'un para-
doxe : « l'expérience, d'accord avec nos instincts, dit M. Bé-
lime , (*Traité du droit de possession et des actions
possessoires*, p. 3, n° 2), nous apprend que l'idée de la
propriété est un de ces sentiments innés dans le cœur de
l'homme. Prenez-le avant toute éducation , à l'âge même où
il est incapable des distinctions abstraites : vous trouvez
déjà cette idée gravée dans sa conscience ; il sait qu'il reste
propriétaire, même quand sa chose est dans les mains d'un
autre. Ne voyons-nous pas chaque jour des enfants, qui ne
parlent pas encore, réclamer les objets qui leur appartiennent, et si quelqu'un s'en empare, trahir par leur
colère le sentiment impérieux de la propriété violée dans
leur personne ? Ils ne confondent pas le fait de la détention
matérielle avec la propriété, démentant ainsi par le cri de
leur conscience les paralogismes d'une fausse philosophie.
Nous n'avons pas envie de refaire une théorie nouvelle sur
la formation des sociétés. Qu'il nous soit permis de remarquer pourtant que , parmi tant de peuplades découvertes
dans un état plus ou moins voisin de la nature , on n'en a
jamais trouvé dans cette condition de vagabondage fortuné,
où l'homme , sans travail et sans souci du lendemain, n'aurait qu'à changer chaque jour de résidence , toujours assuré de trouver une terre amie qui fournît abondamment à
ses besoins. On est convenu, dès longtemps, que c'étaient là
d'ingénieux rêves qu'il fallait laisser aux poëtes, avec l'âge
d'or et ses fleuves de lait. La réalité sévère nous apprend
au contraire que l'homme , ayant plus de besoins que les
autres animaux, n'a pu arracher à la nature de quoi les
satisfaire, que par sa persévérance et par de durs labeurs. Sa

première lutte avec la nature fut pénible ; il fallut fendre le sol ingrat, livrer la guerre aux bêtes féroces et les dompter, résister aux rigueurs de l'hiver ; car ce n'est pas, par une route fleurie, que l'humanité a marché à la civilisation. Eh bien ! du jour où l'homme courba deux branches d'arbre pour abriter sa tête, du jour où il souleva la glèbe rebelle pour y semer le premier épi, de ce jour naquit la propriété. La trace de sa prévoyance, imprimée sur sa chose, établit entre elle et lui cette relation sacrée dont la violation fut un crime, relation durable qui subsista même en son absence, et quand la détention matérielle avait cessé. La conscience lui révéla son droit ; elle commanda aux autres de le respecter ; et les premiers humains n'attendirent pas que les jurisconsultes eussent combiné leurs formules, pour sentir que l'usurpation était une injustice et le vol un acte honteux. Bien loin de là, les premiers législateurs trouvant partout la propriété établie, l'inscrivirent tous en tête de leurs Codes, comme le plus saint, le plus antique, le plus incontestable des droits. »

4° Enfin, pour que jamais on ne pût arrêter la libre circulation des biens, ni compromettre l'égalité devant la loi, le législateur a pris soin de *défendre toute convention particulière tendant à établir d'une manière permanente l'inégalité des fortunes.* Je me borne à mentionner ici les art. 896 et 913, que nous étudierons plus tard en détail : — L'art. 896, qui prohibe, en thèse ordinaire, les substitutions, c'est-à-dire tout acte par lequel on voudrait transmettre ses biens à une personne, par l'intermédiaire d'un tiers obligé de conserver et de rendre ; — l'art. 913, qui détermine une quotité disponible, au delà de laquelle le père de famille ne peut rien donner à des étrangers, au préjudice de ses propres enfants.

Je dois toutefois vous avertir que, dans la pratique, l'on arrive souvent, au moyen des titres au porteur, à éluder ces règles. Comparez, sur ce point, notre traité de la possession des meubles, n°s 8, 61, 147 et suivants. Le regrettable M. Bonjean signalait, dans un remarquable rapport fait au Sénat à la date du 2 juillet 1862, (*Moniteur* du jeudi 3 juillet 1862), ces inconvénients graves, en s'exprimant de la manière suivante : « La transmission des titres au porteur s'opère instantanément, sans frais, sans embarras, sans formalité aucune, sans laisser aucune trace, et par conséquent sans responsabilité possible de la part du cédant, par la simple tradition manuelle du titre, absolument comme à l'égard d'un billet de banque ou d'une pièce de monnaie. Ces avantages sont grands, sans doute ; mais ils sont compensés par de tels inconvénients, que l'on peut s'étonner de la faveur singulière que ces titres ont rencontrée, soit auprès des particuliers, soit surtout auprès des gouvernements. — Et n'est-ce pas déjà un inconvénient de premier ordre, que cette facilité extrême avec laquelle les titres au porteur se prêtent à tous les genres de fraude ? Et qui ne serait frappé de l'action funeste que leur vulgarisation doit exercer, à la longue, sur la moralité de la nation ? Spoliation de successions, tantôt par l'héritier présent au préjudice des absents, tantôt par une veuve, une garde-malade ou un serviteur infidèle ; détournement des valeurs de la communauté ; soustraction de l'actif en cas de faillite ou de déconfiture ; toutes ces infamies et mille autres du même genre se peuvent accomplir avec trop de facilité et trop de chances d'impunité, sur les valeurs au porteur, pour que la probité de beaucoup ne succombe pas à la tentation. C'est au moyen de ces valeurs que le débiteur de mauvaise foi peut afficher l'insolence de son luxe aux yeux de ses malheureuses dupes, ruinées et désarmées. — Avec les valeurs au porteur, il n'est pas une des dispositions de nos lois civiles qui ne puisse être facilement éludée. Vainement, par les considérations les plus élevées, le législateur aura-t-il assujetti la faculté de disposer à certaines garanties, à certaines limites ; vainement aura-t-il établi des incapacités de donner ou de recevoir, fixé une quotité disponible, proclamé l'égalité entre les enfants du même père, etc., etc., etc. ; avec les titres au porteur, il sera toujours facile de faire échec à la loi et de se rire de ses prohibitions. — Objectera-t-on que toutes ces fraudes étaient possibles avant l'introduction des titres au porteur, et que l'argent monnayé et les billets de banque offraient des facilités égales?... Mais, comme les billets de banque et la monnaie que l'on tient en caisse ne rapportent ni intérêts, ni dividendes, ce ne pouvait jamais être qu'une portion insignifiante de sa fortune qu'on possédait sous cette forme. Les actions et obligations au porteur, produisant des revenus qui s'encaissent plus régulièrement que ceux de tout autre genre de propriété, rien ne s'oppose à ce qu'un particulier mette toute sa fortune sous cette forme, et cela se voit fréquemment aujourd'hui. Par rapport aux facilités qu'ils offrent à la fraude, les titres au porteur sont donc à l'argent et aux billets de banque, comme le tout est à la partie. N'est-ce pas aussi la valeur au porteur qui fournit le principal élément de ces spéculations de bourse, dont le moindre inconvénient est de détourner les hommes des voies honnêtes du travail et de l'économie, par l'appât des gains faciles d'un jeu stérile pour la société? — Enfin, tandis que la propriété foncière, attachant l'homme au sol, qui personnifie pour lui l'idée de la patrie, tend à exalter en lui les sentiments patriotiques, les valeurs au porteur tendent à faire de leurs propriétaires des êtres cosmopolites, qui trouvent toujours une patrie partout où se trouve une bourse où ils puissent trafiquer de leurs titres. A l'inverse de ce révolutionnaire célèbre qui, refusant de fuir devant le péril de l'échafaud, s'écriait, « On n'emporte pas sa patrie à la semelle de ses souliers! », celui qui a placé sa fortune en actions au porteur peut dire : « Moi, j'emporte ma patrie dans la poche de mon habit. » — Et croyez-vous que, s'ils eussent eu leur fortune en valeurs au porteur, nos immortels volontaires eussent senti pour le sol sacré de la patrie cet amour passionné qui les fit courir aux armes en 1814, comme jadis en 1792? Non, bien évidemment; et personne ne niera que ces valeurs de bourse, tant par leur nature propre que par les habitudes cosmopolites qu'elles développent, ne soient des dissolvants énergiques du plus nécessaire des sentiments, comme du plus saint des devoirs, l'amour du pays. — Plus d'une fois, nous avons eu l'occasion de soumettre ces objections aux oracles de la finance.... ils n'en contestaient pas la valeur; mais ils répondaient : Il existe, autour de la Bourse, des hommes qui en sont l'âme et la vie, des hommes toujours prêts à se jeter dans toutes les spéculations, dans celles-là surtout qui offrent de tels profits que les moins timorés ne se soucient pas d'y laisser trace de leur passage; à cette sorte de gens il faut des titres au porteur. Il en faut encore à toutes ces existences déclassées, irrégulières, qui ont besoin de frauder la loi ou leurs créanciers : au banqueroutier qui veut voler ses créanciers, à celui qui veut dépouiller la famille légitime pour enrichir le fruit de l'adultère, etc., etc. Si la France ne leur offrait pas les titres au porteur dont ils ont besoin, ils iraient les chercher à Londres, à Francfort, à Amsterdam, comme les joueurs, chassés du Palais-Royal, vont satisfaire leur passion à Bade ou à Hombourg. Or, quelque opinion qu'on puisse avoir de tels hommes, ils n'en sont pas moins très-utiles au développement du crédit, ce grand levier, cet instrument indispensable des progrès matériels de l'âge moderne. — Qu'y a-t-il de vrai dans ces réponses des financiers?... Je ne saurais le dire; mais, quelle que puisse être l'importance du crédit, n'est-il pas vrai qu'il existe des intérêts d'un ordre supérieur encore : le maintien des principes moraux, le culte des choses honnêtes, et ce grand sentiment qui, à lui seul, résume tout, l'amour de la patrie? — Ce n'est pas, ai-je besoin de le dire, que j'entende assimiler, aux gens dont je parlais tout à l'heure, tous ceux qui possèdent des valeurs au porteur; il y a, au contraire, aujourd'hui, bien peu de familles, et des plus honorables, qui n'en possèdent des parties plus ou moins fortes; parce que tel est le courant des habitudes; parce que, au demeurant, il est commode d'avoir à sa disposition des valeurs qui, par la facilité avec laquelle on peut à l'instant les convertir en argent, sont éminemment propres à jouer dans les familles le rôle de fonds de réserve et de prévoyance. Tout ce que j'ai voulu, en signalant les inconvénients moraux des valeurs au porteur, c'est de protester contre l'engouement, peu réfléchi, à mon sens, dont elles sont l'objet depuis un certain temps. »

De tout ceci il résulte que le Code civil est plein d'imperfections, en ce qui touche la législation applicable aux meubles. Comparez notre *Essai sur la possession des meubles* et sur la revendication des titres au porteur, perdus ou volés, n⁰ˢ 8 et 16. Le législateur de 1804 a subi l'influence des idées anciennes et de l'adage, *res mobilis, res vilis :* il ne prévoyait pas le merveilleux développement de la richesse mobilière auquel nous avons assisté, grâce aux immenses progrès réalisés par la science et l'industrie. Voyez, du reste, la loi complémentaire du 15 juin — 5 juillet 1872, relative aux titres au porteur : notre savant collègue de la Faculté de droit de Paris, M. G. Boissonade, a bien voulu constater, (*Revue de législation française et étrangère*, 1872, 5ᵉ livraison, p. 557), que cette loi récente avait adopté quelques-unes des idées émises par nous, dès l'année 1869, dans le traité précité de la *possession des meubles.*

Un autre défaut, signalé par MM. Aubry et Rau, (t. 1, § 16, p. 27), se fait sentir « dans le régime hypothécaire : la multiplicité des procès auxquels il a donné lieu, les pertes incalculables qu'il a fait éprouver aux capitalistes, justifient suffisamment les réclamations dirigées contre cette partie de la législation et les modifications qui y ont été apportées. » Toutefois, des améliorations fort considérables ont été introduites, dans cette matière, par la loi du 23 mars 1855 sur la transcription. Comparez M. Acollas, *Manuel de droit civil*, t. 1, Introduction, p. 36, et l'*Idée du droit*, (brochure in-8°), p. 34 à 35.

Quoi qu'il en soit de ces imperfections et de quelques autres dans le détail desquelles le temps ne nous permet pas d'entrer, le Code civil, depuis soixante et dix ans bientôt qu'il est promulgué, a été incessamment appliqué ou commenté : et il semble vraiment qu'il lui soit réservé d'obtenir la glorieuse destinée du droit romain, en devenant le Code du monde civilisé. Les pays qui nous environnent l'ont plus ou moins complétement adopté : naguère encore l'Italie y adhérait solennellement, en y introduisant toutefois plusieurs réformes de détail, qui semblaient, dans ce nouveau royaume, commandées par les progrès de la civilisation et les exigences du temps. Comparez, sur la législation civile de l'Italie, M. Huc (2 vol. 1868), M. P. Gide (1 broch. 1866), et M. G. Boissonade, (*Revue pratique de droit français*, t. XXVI, p. 67 à 96). Il y a plus : la plupart des pays qui étaient incorporés à la France, sous le premier empire, ont *conservé* notre Code civil, et, sauf quelques modifications, il est demeuré en possession d'une souveraineté incontestée. Voyez *les cinq Codes* en vigueur en Belgique, (édition de 1865, annotée par M. A. Delebecque). Comparez M. Laurent, *Principes de droit civil français*, t. I, n°s 19 à 24.

Napoléon Ier, du reste, paraît avoir eu le pressentiment de cet état de choses, lorsqu'il disait à Sainte-Hélène : « Ma gloire n'est pas d'avoir gagné quarante batailles..... Waterloo effacera le souvenir de tant de victoires; c'est comme le dernier acte qui fait oublier les premiers. Mais ce que rien n'effacera, ce qui vivra éternellement, c'est mon Code civil, ce sont les procès-verbaux de mon Conseil d'Etat.... » (De Montholon, *Récits de la captivité*, t. I, p. 401 ; M. Pérouse, *Napoléon Ier et les Lois civiles du consulat et de l'empire*, p. 327 ; Mourlon, *Répétitions écrites*, t. I, Introduction, n°s 32 à 39, p. 23 et suivantes).

(Deuxième leçon.)

Messieurs,

13. J'arrive à l'exposition du plan matériel et de l'économie générale du Code civil.

CHAPITRE DEUXIÈME

Economie générale et plan matériel du Code civil, avec l'énumération des lois nouvelles qui sont venues le modifier, depuis sa rédaction, sous des rapports plus ou moins essentiels.

14. Le Code civil comprend 2281 articles. Il est divisé en trois livres. Chacun de ces livres contient un certain nombre de titres, qui se décomposent eux-mêmes en chapitres, sections de chapitres et paragraphes.

Le Code civil s'ouvre par un titre préliminaire, intitulé : *De la publication, des effets, et de l'application des lois en général.* Ce titre, comme l'indique d'ailleurs la rubrique qu'il porte, contient des dispositions essentiellement générales, et qui n'ont aucune affinité particulière avec le droit privé. C'est comme un portique à l'entrée de l'édifice ; c'est une sorte d'introduction à la législation universelle de la France, et plusieurs des principes qui s'y trouvent rapportés, appartiennent surtout au droit public et politique.

Pourquoi donc a-t-on rattaché ces règles au Code civil qui, lui, ne doit traiter que des droits civils ou privés ? On a coutume d'en donner deux raisons :

1° D'abord il était nécessaire de les formuler quelque part : or, à l'époque de la rédaction du Code civil, la France était régie par la Constitution du 22 frimaire an VIII, qui avait omis de les formuler expressément ;

2° De plus, le Code civil, le premier et le plus considérable de tous, a toujours été regardé comme le Code par excellence : c'était donc en tête de ce recueil de lois, que ces grands principes trouvaient le plus naturellement leur place.

En résumé, la distribution du titre préliminaire s'explique, d'un côté, par la nécessité de formuler quelque part certains principes généraux d'une haute portée, et d'un autre côté, par l'opportunité qu'il y avait à les inscrire au début de la nouvelle codification.

Le premier livre, (art. 7 à 515), est consacré aux personnes. C'est là que le législateur pourvoit à l'organisation de la société française. Il distingue les nationaux et les étrangers (art. 7 à 33). Il s'occupe des actes de l'état civil (art. 34 à 101), et du domicile (art. 102 à 111). Il pose les règles applicables aux absents (art. 112 à 143).

Là encore, le législateur fonde le mariage civil, il indique ses effets, et il pose les principes qui doivent présider à sa formation et à sa dissolution (art. 144 à 311).

Puis, il réglemente la famille, les rapports de paternité et de filiation, légitime, naturelle ou adoptive (art. 312 à 370); il constitue, dans l'intérêt des incapables, la puissance maritale, la puissance paternelle et tout le système des différentes tutelles, qui doivent servir de garantie et de protection à ceux que leur âge, leurs infirmités ou leurs passions désordonnées, mettent hors d'état de se garder et de se préserver eux-mêmes. Voyez les art. 371 à 515 et 212 à 226.

Le livre deuxième (art. 516 à 710) traite des biens et des différentes modifications de la propriété. Là sont énumérés les principaux droits réels, avec la distinction des biens (art. 516 à 543), et sont traités avec étendue le droit de propriété (art. 544 à 577), les droits de jouissance, usufruit, usage et habitation (art. 578 à 636), enfin les servitudes ou services fonciers (art. 637 à 710).

Le livre troisième (art. 711 à 2281) s'occupe des différentes manières dont on peut acquérir la propriété, les autres droits réels et les droits de créance (art. 711 à 717), par succession (art. 718 à 892), par donation (art. 893 à 1100), par l'effet des obligations (art. 1101 à 1386) et des divers contrats usités entre les hommes et sanctionnés par la loi, savoir notamment : le contrat de mariage (art. 1387 à 1581), la vente (art. 1582 à 1701), l'échange (art. 1702 à 1707), le louage (art. 1708 à 1831), la société (art.

1832 à 1873), le prêt (art. 1874 à 1914), le dépôt (art. 1915 à 1963), les conventions aléatoires (art. 1964 à 1983), le mandat (art. 1984 à 2010), le cautionnement (art. 2011 à 2043), la transaction (art. 2044 à 2058). Nous trouvons ensuite un titre consacré à la contrainte par corps (art. 2059 à 2070). Cette institution a été depuis supprimée, du moins en matière commerciale et civile, par la loi du 22 juillet 1867. Les quatre derniers titres du Code civil s'occupent du nantissement (art. 2071 à 2091), des priviléges et hypothèques (art. 2092 à 2203), de l'expropriation forcée et des ordres entre les créanciers (art. 2204 à 2218), enfin de la prescription (art. 2219 à 2281).

15. Le Code civil a été ainsi distribué par la loi du 30 ventôse an xii (21 mars 1804), art. 1 à 6. L'art. 7 de cette célèbre loi a fondé définitivement l'unité de législation, en décidant que, à compter du jour où les lois composant le nouveau Code seraient exécutoires, les lois romaines, les ordonnances, les coutumes générales ou locales, les statuts, les réglements cesseraient d'avoir force de loi générale ou particulière, dans les matières formant l'objet desdites lois ainsi codifiées. Comparez M. R. de Fresquet, *Précis d'histoire des sources du droit français*, pages 218 et suivantes, (ouvrage spécialement destiné à MM. les étudiants); ajoutez M. Laurent, t. i, n°s 25 et suivants.

16. Depuis 1804, le Code civil a subi divers remaniements partiels, exposés par M. de Fresquet (p. 220), de la manière suivante : « D'abord, dit l'éminent professeur, lorsque l'empire eut succédé au consulat, on fit une nouvelle édition, en vertu de la loi du 3 septembre 1807, pour mettre le langage en harmonie avec l'organisation politique ; le premier consul devint l'empereur ; le gouvernement, la République, la nation, sont appelés l'empire, l'État, etc. Les procureurs impériaux remplacèrent les commissaires du gouvernement..... Le changement le plus important, opéré à ce moment, concerne le nom qu'on doit employer à l'avenir: on ne dira plus le Code civil des Français, mais bien le Code Napoléon. M. Bigot-Préa-

meneu, rapporteur de la loi du 3 septembre 1807, donnait une raison assez curieuse pour justifier cette substitution de l'intitulé nouveau au titre ancien : « Le titre de Code civil des Français suffisait, disait-il, lorsque son exécution était bornée aux limites de l'empire ; mais lorsqu'il s'est propagé chez plusieurs autres peuples, il a été nécessaire qu'il portât le titre propre à caractériser la loi de chaque pays. Déjà ce Code a été publié en plusieurs contrées sous un titre dont le choix aurait été inspiré par la seule reconnaissance, si ce n'était d'ailleurs un hommage rendu par la vérité à celui à qui ce grand ouvrage doit sa naissance..... Par tous ces motifs, et par les sentiments qui animent plus particulièrement les Français pour leur empereur, le Code civil sera pour eux, plus que pour tout autre peuple, le Code Napoléon, et on ne saurait douter qu'il ne soit contre leur vœu de lui laisser plus longtemps un autre nom. » Cette loi du 3 septembre 1807 contenait, en outre, deux modifications apportées aux articles 17, § 3, et 896, § 2. Sous la restauration, le 17 juillet 1816, le roi Louis XVIII ordonna qu'on fît une nouvelle édition de tous les Codes. Le Code Napoléon redevint le Code civil (1) : les dénominations impériales disparurent et furent remplacées par les formules royalistes que l'on trouve encore dans les textes. En effet, depuis cette époque, il n'y a pas eu d'autre édition officielle du Code. Seulement un décret du 27 mars 1852 a décidé dans son article premier : « *Le Code civil prendra la dénomination de* Code Napoléon. » Nous en sommes encore à ce point, au mois de janvier 1873, sous la République française, dirigée par M. Thiers. Comparez, sur ces détails, M. Laurent, *Principes de droit civil français*, nᵒˢ 14 à 18.

17. Voici maintenant la liste des documents législatifs les plus importants, qui forment, aujourd'hui, partie inté-

(1) M. Mourlon, (*Répétitions écrites*, t. 1, p. 29, nᵒ 38 *in fine*), définit le Code civil, « la collection de trente-six lois qui, après avoir été successivement décrétées et promulguées sous l'empire de la Constitution du 22 frimaire an VIII, ont été méthodiquement réunies par le législateur lui-même en un seul corps destiné à former notre droit privé et ordinaire. »

grante du Code : il a été rendu , en effet , depuis la rédaction du Code civil, différentes lois ou décrets, qui ont *modifié* ou *complété*, sous des rapports plus ou moins essentiels , ses dispositions fondamentales. Nous citerons, d'après l'ordre chronologique :

1° La loi du 3 septembre 1807, qui a limité le taux de l'intérêt à 5 0/0 en matière civile, et à 6 0/0 en matière commerciale ;

2° La loi du 8 mai 1816 , sur l'abolition du divorce ;

3° La loi du 14 juillet 1819 , relative à l'abolition des droits d'aubaine et de détraction ;

4° La loi du 17 mai 1826 , sur les substitutions ;

5° La loi du 21 mars 1832 , sur le recrutement, dont l'art. 32 modifie l'art. 374 du Code civil ;

6° La loi du 16 avril 1832 , qui modifie l'art 164 ;

7° La loi du 17 avril 1832 , sur la contrainte par corps ;

8° La loi du 12 mai 1835 , sur les majorats ;

9° La loi du 20 mai 1838 , concernant les vices rédhibitoires dans les ventes et échanges d'animaux domestiques ;

10° La loi du 30 juin 1838 , sur les aliénés ;

11° La loi du 29 avril 1845 , sur les irrigations ;

12° La loi du 11 juillet 1847 , sur le droit d'appui en matière d'irrigation ;

13° La loi du 13 décembre 1848 , sur la contrainte par corps ;

14° La loi du 22 mars 1849 , qui modifie l'art. 9 ;

15° La loi des 17 janvier , 30 avril et 7 mai 1849, sur les majorats et les substitutions ;

16° La loi des 13 , 21 novembre et 3 décembre 1849, sur la naturalisation ;

17° La loi des 17 juin , 2 et 10 juillet 1850 , relative à la publicité des contrats de mariage ;

18° La loi des 15 , 22 novembre et 6 décembre 1850, relative au désaveu de paternité , en cas de séparation de corps ;

19° La loi des 22 , 29 janvier et 7 février 1851 , concernant les individus nés en France d'étrangers , qui eux-mêmes y sont nés, et les enfants des étrangers naturalisés ;

20° La loi du 31 mai 1854, portant abolition de la mort civile ;

21° La loi du 10 juin 1854, sur le libre écoulement des eaux provenant du drainage ;

22° La loi du 23 mars 1855, sur la transcription en matière hypothécaire, qui toutefois n'est devenue exécutoire qu'à partir du 1er janvier 1856 ;

23° La loi du 29 juin 1867, relative à la naturalisation ;

24° La loi du 22 juillet 1867, relative à la contrainte par corps ;

25° Le sénatusconsulte du 8 septembre 1869, qui apporte quelques modifications aux conditions de présentation, discussion et vote des lois ;

26° Le décret du 8 novembre 1869, concernant les rapports entre le gouvernement de l'empereur, le Sénat, le Corps législatif et le Conseil d'Etat ;

27° La loi du 12 août 1870, relative au cours forcé des billets de la Banque de France ;

28° Le décret du 26 octobre 1870, relatif à la naturalisation des étrangers, qui ont pris part à la guerre contre la Prusse ;

29° Le décret du 5 novembre 1870, relatif à la promulgation des lois et décrets, qui modifie l'art. 1 du Code civil ;

30° La loi du 12 mai 1871, qui déclare inaliénables les propriétés publiques ou privées saisies ou soustraites à Paris pendant la Commune ;

31° La loi du 26 mai 1871, relative aux prescriptions et péremptions en matière civile ;

32° La loi du 10 juillet 1871, relative au mode de suppléer aux actes de l'état-civil du département de la Seine, détruits dans la dernière insurrection ;

33° La loi du 19 juillet 1871, relative à la nullité des actes de l'état-civil à Paris et dans le département de la Seine depuis le 18 mars 1871 ;

34° La loi du 23 août 1871, sur le même objet ;

35° Le décret du 2 septembre 1871, relatif à la forme de promulgation des lois et à la formule exécutoire des arrêts et jugements ;

36° La loi du 19 décembre 1871, sur la contrainte par corps en matière de frais de justice criminelle ;

37° La loi du 12 février 1872, relative à la reconstitution des actes de l'état-civil de Paris ;

38° La loi du 25 mai 1872, sur le même objet ;

39° La loi du 15 juin 1872, relative aux titres au porteur ;

40° La loi du 27 juillet 1872, sur le recrutement de l'armée.

J'arrive ainsi à la 3ᵉ division des préliminaires.

CHAPITRE TROISIÈME.

Notions philosophiques et juridiques sur la loi, la morale et le droit.

18. On a donné bien des définitions différentes de la loi, et leur grand nombre justifie une fois de plus la vérité de cet adage célèbre : *Omnis definitio in jure periculosa est.*

19. Suivant M. Perreau, « les lois sont les résultats nécessaires des rapports que les choses ont entre elles et avec nous, et l'obligation de nous conformer à ces mêmes rapports. » — D'après Montesquieu, (*Esprit des lois*, liv. 1ᵉʳ, chap. 1ᵉʳ), « les lois sont les rapports nécessaires qui dérivent de la nature des choses. » — Une autre définition, également fort générale, consiste à dire que la loi est « l'ensemble des règles qui régissent les êtres, soit animés, soit inanimés. » Comparez M. Boistel, *Cours élémentaire de droit naturel*, chap. 1ᵉʳ, p. 35 à 54. Ajoutez notre *Sommaire des prolégomènes* du Cours de Code civil, nᵒˢ 3 à 7.

20. Ces définitions ont le défaut de ne contenir aucune

notion spéciale au *droit* : si vous vous placez à ce point de
vue, tous les êtres ont leurs lois, ainsi que le fait remarquer, du reste fort justement, Montesquieu (*Op. cit.*, p. 4) :
la divinité a ses lois, le monde matériel a ses lois, les
intelligences supérieures à l'homme ont leurs lois, les
astres eux-mêmes, dans leur magnifique révolution à tra-
vers l'espace, obéissent à des lois fixes et immuables ; les
animaux ont leurs lois, l'homme a ses lois. Tout cela est
vrai : mais pour nous, qui entendons nous placer ici au
point de vue exclusif du droit, nous ne pouvons pas accepter ces définitions, comme contenant la vraie notion de
la loi, telle qu'elle se révèle aux yeux du jurisconsulte.
L'idée du droit, en effet, suppose essentiellement trois
choses : 1° l'intelligence pour comprendre la loi ; 2° la
liberté pour choisir, à ses risques et périls, entre l'observation et la violation des lois ; 3° enfin, la sanction de la puissance publique, intervenant pour imprimer son autorité
aux préceptes juridiques, de manière à ce que l'accomplissement extérieur en puisse être exigé en justice. Ce qui
distingue donc la loi véritable de tout ce qui n'est pas elle,
c'est son caractère *obligatoire* : la notion intime de la loi
suppose toujours l'existence d'une règle qui s'impose, parce
qu'elle a été votée par les mandataires de la nation, puis
régulièrement promulguée et publiée par l'autorité com-
pétente du pays et du temps. Voyez M. Demolombe
(*Cours de Code civil*, t. 1, n° 3 et 4.)

21.   Je passe à une nouvelle définition, qui, elle, semble
se rapprocher davantage de l'objet de vos études : « La loi,
dit M. Demante, (*Cours analytique de Code civil*, t. 1.
Introduction, sect. 1, n° 4), est la *règle des actions humaines.* » — L'homme est à la fois membre de la grande
famille terrestre, et citoyen d'une nation particulière : à
ces deux points de vue, il est soumis à l'observation de
certains principes, établis par une volonté supérieure, pour
le diriger durant sa vie : « C'est de Dieu, dit M. Demante
(*loc. cit.*), qu'émanent les premières lois ; et sans parler de
celles qu'il nous a manifestées par une révélation extraor-

dinaire, et qui nous sont enseignées par la religion, il en est d'autres qu'il a invariablement attachées à notre nature, et qu'il a rendues tellement inséparables de la raison, qu'elles ont été connues et observées par les païens eux-mêmes. C'est dans nos cœurs que nous trouvons le sentiment de l'existence et de la toute-puissance de Dieu, d'où naît l'obligation de lui rendre un culte et celle de conformer nos désirs particuliers à ses volontés. C'est là que nous trouvons cet amour raisonnable et éclairé de nous-mêmes qui nous fait tendre à notre conservation, à notre bien-être, mais qui, loin de nous porter jamais à faire tort à autrui, reconnaît au contraire pour première loi la justice, qui consiste dans la volonté ferme et perpétuelle d'attribuer et de rendre à chacun ce qui lui appartient. »

22. Les développements donnés par M. Demante à sa définition vous montrent, par avance, combien elle manque de précision au point de vue juridique : dire que la loi est la *règle des actions humaines*, c'est, par l'absence d'une spécialité suffisante, se mettre dans l'impossibilité de pouvoir ensuite tracer la ligne de démarcation entre la législation d'une part, et d'autre part, la religion, la morale et la philosophie, dont l'objet est également de fournir aux hommes des règles d'action et de conduite : Comp. M. Demolombe, t. i, n° 3.

23. Je préfère définir la loi, en disant que c'est une règle établie par l'autorité législative d'un pays, et à laquelle les citoyens de ce pays sont tenus d'obéir, parce qu'elle émane de l'autorité qui, d'après la constitution politique, a le pouvoir de commander, de défendre ou de permettre dans toute l'étendue de l'Etat. Voilà la vraie notion de la loi pour les magistrats et pour les jurisconsultes : c'est la loi positive, civilement et juridiquement obligatoire, dont l'exécution est garantie par l'autorité du pays où elle est promulguée.

Quant au droit, considéré comme science, il est le résultat ou la collection des différentes règles présentant ce caractère exécutoire : je vous proposerai dès lors, en ce qui le concerne, la définition suivante : *Le droit est l'ensemble, scientifiquement coordonné, des règles promulguées et juridiquement exécutoires , que la raison et la justice imposent à ceux des rapports humains, que l'utilité sociale ne permet pas d'abandonner à la souveraineté du libre arbitre.*

24. L'on a coutume de reconnaître quatre espèces différentes de lois, d'après la classification suivante empruntée à la loi 7, *Dig. de Legibus*, liv. I, tit. 3 : « *Legis virtus hæc est : imperare, vetare, permittere, punire.* » On peut, en effet, distinguer quatre espèces de lois, savoir : les lois impératives, les lois prohibitives, les lois permissives et les lois pénales.

A. Les lois *impératives* sont celles qui imposent à une personne une obligation absolue et rigoureuse : — par exemple, donner des aliments à ses parents dans le besoin (art. 205 et suivants), — ou encore accepter la tutelle, sauf les cas de dispense, d'excuse, d'incapacité, ou d'exclusion (art. 390, 427, 442 et suiv.); — ajoutez les art. 203, 212, 213, 214, etc.

B. La loi devient *prohibitive*, lorsqu'elle défend un acte ou une chose : exemple : art. 144, 147, 374, etc.

C. La loi est dite *permissive*, lorsqu'elle offre une simple faculté, dont chaque citoyen peut, à son gré, user ou ne pas user : le nombre des lois permissives est fort considérable dans le Code civil : nous citerons notamment les lois qui consacrent le droit de se marier, de tester, de vendre, de louer, etc.

D. Les lois *pénales* sont celles qui s'occupent de la répression, qui prononcent des peines contre tel ou tel acte. Considérées à ce point de vue, ces sortes de lois ne nous paraissent pas constituer une quatrième division distincte, ni former une classe particulière. Elles se confondent bien plutôt avec les lois impératives et prohibitives, dont elles sont le complément naturel, puisqu'elles en assurent l'accomplissement par leur sanction. Comparez M. Demolombe, t. I, n° 15.

25. A côté des lois, il convient de placer les règlements

d'administration publique (1), les décrets (2), les arrêtés,
les circulaires émanant des diverses autorités agissant dans

(1) « Les règlements d'administration publique, dit M. Pradier-Fodéré, sont
les actes par lesquels se manifeste l'autorité du chef de l'Etat, en vertu d'une
délégation du pouvoir législatif, délégation toute constitutionnelle. Comme la
loi, ils ont force obligatoire; comme elle, ils sont insérés au *Bulletin des
lois*, et sont promulgués. Mais ils en diffèrent par leur origine, et s'ils s'étendent
dans l'avenir par leur prévoyance, s'ils embrassent certaines généralités dans
leur objet, ils n'ont pas ce caractère de permanence qui est propre à la loi....
A la loi appartiennent toutes les mesures permanentes et durables qui intéressent la généralité des citoyens; au règlement, les dispositions accidentelles
et passagères qui sont susceptibles de modifications d'après les lieux. Les
questions qui exigent une décision immédiate et des connaissances techniques
sont du domaine des règlements, tandis que celles qui réclament l'appareil de
formes lentes et solennelles, doivent être résolues par le législateur.... Tous
les règlements d'administration publique doivent être précédés d'une délibération du conseil d'Etat, et être promulgués. La haute importance de ces règlements justifie l'intervention du conseil d'Etat, qui donnera à la rédaction
l'ordre, la simplicité, la clarté désirables, assurera l'unité d'application des
règles administratives, et empêchera que, pour des cas semblables, les solutions ne varient avec les services ou avec les départements ministériels. »
Comparez la loi du 24-31 mai 1872, portant réorganisation du conseil d'Etat,
art. 8.

(2) M. Cabantous, dans ses *Répétitions écrites* sur le *droit public et administratif*, nᵒˢ 7 à 9, signale comme sources de la législation administrative,
en outre des lois, les décrets, les arrêtés du gouvernement et les règlements
d'administration publique. On a toujours désigné, dit-il, sous le nom de *lois*,
les actes émanés « du pouvoir législatif, quelle que fût d'ailleurs la composition
de ce pouvoir. Quelquefois, cependant, des actes, ayant force de loi, ont été
appelés *décrets*, notamment aux époques de dictature individuelle ou collective...
On distingue, parmi les divers actes que nous venons de mentionner,
ceux nommés *organiques*, ceux qualifiés de *réglementaires*, et ceux ne
portant aucune qualification particulière. Les premiers sont ceux qui ont pour
objet l'organisation de quelque branche de l'administration publique; les
seconds sont ceux destinés à régler les formes d'exécution, et qui, par conséquent, auraient pu émaner du pouvoir exécutif tout aussi bien que du pouvoir législatif; les troisièmes, de beaucoup les plus nombreux, sont ceux qui,
ne présentant d'une manière précise ni l'un ni l'autre de ces deux caractères,
sont seulement qualifiés par leur objet... Les *arrêtés du gouvernement*,
les *décrets* et *ordonnances royales* ont cela de commun que, sous des noms
divers suivant les diverses époques, ce sont toujours des actes du pouvoir
exécutif. La dénomination d'*arrêtés du gouvernement* fut plus particulièrement employé sous le directoire et sous le consulat. Celle de *décret* correspond aux deux empires et à la seconde et troisième république. Celle d'*ordonnance royale* se réfère aux deux royautés de 1814 et de 1830. — Les
règlements d'administration publique sont aussi des actes du pouvoir
exécutif, mais avec délibération préalable du conseil d'Etat. Ce n'est que sous
l'empire de la constitution du 4 novembre 1848, qu'il y a eu une classe de

la sphère de leurs attributions respectives : — *legis habent
vigorem*. Il faut toutefois observer, en ce qui concerne les
circulaires ministérielles, qu'elles sont obligatoires seulement pour les agents de l'administration relevant du ministre qui les a faites. Comparez, sur cette division des actes
du gouvernement, le *Précis de droit administratif* de
M. Pradier-Fodéré (7ᵉ édit. 1872), p. 456 à 464, et p.
775 à 776.

26. La loi constate nos droits, elle les formule, elle en
organise l'application et le fonctionnement, mais elle ne les
crée pas : elle doit toujours tenir grand compte des principes suivant lesquels la richesse se produit, circule et se
distribue. Non-seulement, du reste, le législateur doit respecter les règles essentielles de l'économie politique, mais
encore il doit observer les préceptes de la morale : sans
doute, sa mission ne consiste pas à formuler toute la morale, et à en assurer indistinctement l'application : mais, du
moins, il ne doit jamais la méconnaître. En effet, une législation, tout à fait arbitraire, c'est-à-dire qui, satisfaisant
seulement au caprice d'une ou de plusieurs personnes, ne
répondrait pas aux idées, aux vœux et aux besoins de ceux
pour lesquels elle est faite, serait condamnée dès sa naissance et ne saurait durer. Lorsque vous verrez une loi
vivre et se faire accepter universellement dans la pratique,
vous pourrez affirmer, sans crainte de vous tromper,
que cette loi, quelles que soient ses défectuosités, avait
une sérieuse raison d'être : l'on ne saurait admettre, dit

règlements d'administration publique étrangère à l'action du pouvoir exécutif :
c'étaient ceux que faisait le conseil d'État par délégation du pouvoir législatif.
— Il est d'usage de distinguer les règlements d'administration publique des
décrets ou ordonnances royales rendus DANS LA FORME *des règlements
d'administration publique*. Les seconds ne diffèrent des premiers que par
leur objet moins général, et, en quelque sorte, plus individuel. C'est ainsi
que les autorisations des communautés religieuses, des dons et legs aux établissements publics, des sociétés anonymes de commerce, sont accordées par
les décrets rendus dans la forme des règlements d'administration publique. »
Comparez M. Dalloz, *Répertoire de législation, de doctrine et de jurisprudence. Verbis*, lois, décrets, règlements d'administration publique, arrêtés, circulaires, etc.

M. Acollas (*De l'idée du droit*, p. 22), sans nier tout ordre du monde ou sans violer la logique la plus manifeste, « que la loi d'un être puisse se trouver en désaccord avec la nature de cet être ; dès lors, la loi qui concerne les hommes, loi juridique ou morale d'ailleurs, est imposée par la nature des hommes, ceux-ci ne pouvant évidemment être réliés les uns aux autres, que de la manière que détermine et que commande cette nature. — Le législateur n'est donc pas libre de faire la loi à sa fantaisie, et il ne saurait y avoir d'erreur plus grosse, soit en elle-même, soit par les périls qu'elle entraîne, que la foi à l'*omnipotence du législateur*. — Sans doute, il est fort possible que le législateur se trompe, et s'il a devant les yeux un autre objectif que la nature humaine, c'est en effet ce qui ne manquera pas d'arriver ; mais, bien que la société éprouve un grave dommage lorsque le législateur y promulgue des lois mauvaises, ce n'est encore là qu'un accident auquel il peut être aisément porté remède, si d'ailleurs ne règne pas l'opinion générale que le législateur possède un droit discrétionnaire, et que son rôle n'est point uniquement borné à *déclarer* la règle du juste.... Persuadons-nous donc bien que la loi en elle-même échappe absolument à l'empire de l'arbitraire et que ce qui peut seul y introduire cette détestable semence, ce sont les mauvaises institutions et les esprits incapables ou pervers. Et que de personnes cependant admettent encore cette fausse parole de Rousseau : « *La loi est l'expression de la volonté générale*, » comme si la volonté générale pouvait changer l'ordre des choses ! » Comparez *Manuel de droit civil*, t. I, Introd. p. v.

26 *bis*. Ces considérations nous amènent naturellement à comparer les lois positives avec la morale proprement dite, pour préciser les différences existant entre ces deux ordres d'institutions : nous ramènerons ces différences aux trois suivantes :

1° La morale engendre des *devoirs* dont la sanction unique se rencontre dans la conscience humaine : les lois positives admettent, en outre, le supplément d'une coercition extétérieure et sociale, à l'aide de l'action en justice : elles engendrent l'*obligation*, justement définie par le regrettable M. Oudot, « une nécessité morale reconnue et sanctionnée par le législateur, qui, pour la faire respecter, met à la disposition de celui qui le réclame, la force publique ; »

2° Le domaine de la morale est beaucoup plus étendu que celui du droit : car la morale comprend non-seulement tout ce qui rentre dans la sphère du droit, mais en outre la partie du juste que ne comprend pas le droit, et au delà de la notion du juste, toute l'idée du bien. La formule de la morale, dit M. Acollas (*Manuel de droit civil*, Introduction, p. IV, t. I.), est celle-ci : « Sois libre toi-même ; — respecte la liberté des autres ; — aime les autres. La formule du droit est celle-ci : Respecte la liberté des autres. » Telle est, en effet, la traduction exacte de l'idée du juste ;

3° Les règles de la morale sont universelles dans leur application, et immuables dans leur existence : les lois positives, au contraire, sont habituellement particulières, locales et contingentes. Comparez M. Mourlon, *Répétitions écrites*, t. I, Introduction, n° 3, et M. Boistel, *Cours de droit naturel*, p. 55 et suivantes.

27. Je vous ferai encore observer que la morale ellemême peut être considérée, soit comme une dépendance et une annexe de telle ou telle religion, soit comme une science particulière, comme un chapitre de la psychologie. Le premier aspect nous met en face de la morale religieuse, laquelle se rattache à un ensemble de dogmes et de croyances. Si nous nous plaçons au second point de vue, nous nous trouvons en présence de la morale humaine, que j'appellerais volontiers la morale indépendante, si l'on n'y avait attaché, dans la pratique, une signification regrettable (1), en la constituant en état d'antagonisme avec l'idée religieuse. Cette dernière morale a sa base véritable

(1) C'est là ce qui faisait dire à Mgr Dupanloup, dans la séance de l'Assemblée nationale du jeudi 9 janvier 1873 (voir *Officiel* du 10) : « La morale indépendante, c'est une loi sans législateur, c'est une loi sans tribunaux et sans juges, c'est une loi sans contrôle et sans sanction. Par conséquent, c'est une loi absolument vaine en présence des passions. »

dans la conscience des hommes, et c'est elle qui sert surtout de guide aux législateurs et aux juges, particulièrement dans notre pays, où la liberté des cultes a toujours été proclamée par les diverses constitutions qui se sont succédé depuis la Révolution française de 1789. M. Laurent, dans ses *Principes de droit civil*, t. 1, n° 56, s'exprime, sur ce sujet, de la manière suivante : « Il n'y a pas de distinction à faire entre les diverses classes de la société, quand il s'agit de mœurs ; la morale doit être la même pour tous les hommes. Mais où chercher cette morale qui servira de règle au juge ? Est-ce la morale religieuse ? Tel sera certes le sentiment du juge, s'il est catholique. Si la société entière était catholique, la difficulté serait levée, il n'y aurait qu'une morale religieuse. Est-il nécessaire d'ajouter qu'il y a plusieurs religions, et qu'elles ne s'accordent pas toujours sur la morale ? Trouverons-nous plus de certitude dans la morale philosophique ? Les philosophes sont divisés aussi bien que les religions. Est-ce à dire que le juge est sans règle en cette matière ? Non ; on exagère, quand on se plaint de l'incertitude de la morale ; il faudrait dire que la morale est progressive ; elle change donc, mais en s'épurant, en se perfectionnant. Et quel est l'organe de ce progrès incessant ? La conscience humaine. Il y a, à chaque époque de la vie de l'humanité, une doctrine sur la morale, que la conscience générale accepte, sauf des dissidences individuelles qui ne comptent pas. En ce sens, on peut dire qu'il y a toujours une morale publique ; les conventions contraires à cette morale seront, par cela même, contraires aux bonnes mœurs, et, comme telles, frappées de nullité. » Comparez les articles 6, 900, 1131, 1133 et 1172. Voyez aussi l'*appendice* contenant l'explication de l'art. 6, *infrà*, n°s 69 et suivants.

28. Revenons à la notion spéciale du *droit*, pour indiquer les différentes acceptions de cette expression. Elles peuvent être ramenées aux quatre suivantes :

1° Le mot droit désigne l'ensemble des règles d'un certain ordre, qui gouvernent l'homme : ex : droit civil, droit commercial, droit maritime, droit criminel, droit français en général. Pris dans ce premier sens, le mot droit est synonyme de loi : on dit indifféremment : le droit français ou la loi française. Au reste, le droit et la loi auraient, si l'on en croit certains auteurs, une étymologie à peu près identique : le mot droit viendrait du verbe latin *dirigere*, de même que le mot loi serait un dérivé du verbe *obligare* : ces deux étymologies éveillent effectivement, l'une et l'autre, l'idée d'une direction imprimée à l'homme, d'un lien qui l'astreint, d'une obligation qu'il ne lui est pas loisible de répudier ;

2° Dans une seconde acception, le mot droit signifie *la science des lois*, c'est-à-dire l'ensemble, scientifiquement coordonné, des règles promulguées et juridiquement exécutoires, que la raison et la justice imposent à ceux des rapports humains que l'utilité sociale ne permettait pas d'abandonner à la souveraineté du libre arbitre. C'est en ce sens que Celsus a dit : « *Jus est ars boni et æqui ;* »

3° Le mot droit exprime encore l'idée d'une pure faculté, d'une prérogative garantie, dans son exercice, par la loi promulguée : c'est en ce sens que l'on dit : le droit de puissance paternelle, le droit de propriété, le droit de tester, le droit de se marier, le droit de bâtir ou de ne pas bâtir ;

4° Quelquefois enfin le mot droit est pris par opposition au mot *équité*, pour exprimer ce que la loi positive permet, ordonne, ou défend. C'est ainsi que l'on dit : telle décision doit être prise *en droit* : mais *l'équité* commanderait une autre solution.

29. Le mot *jurisprudence* peut également être pris dans plusieurs acceptions pratiques qu'il importe de connaître :

1° Il signifie la science acquise du droit, *prudentia juris* : les Romains disaient, en effet, « *jurisprudentes*, » aussi bien que « *jurisconsulti*. » (*Instit.* liv. 1, tit. 1er et 2.) Je dois ajouter toutefois que cette première signification, purement Romaine, n'est plus guère usitée de nos jours ;

2° Il est quelquefois pris comme synonyme du mot droit :

on dit indifféremment : la jurisprudence française ou le droit français ;

3° Enfin, il exprime l'habitude où est une Cour de juger telle question d'une manière uniforme : il désigne également le résultat même de cette habitude, c'est-à-dire l'ensemble des décisions qu'une Cour rend toujours, lorsqu'une difficulté déterminée lui est soumise : « *Auctoritas rerum perpetuò similiter judicatarum.* » (L. 38 ff, *de leg.*) C'est même là l'acception la plus usitée : c'est ainsi que l'on dit : la jurisprudence de la Cour de cassation, la jurisprudence de la Cour de Douai sont fixées en tel sens sur telle question.

30. Le mot *législation* a aussi plusieurs sens différents :

1° Il signifie l'ensemble des lois existantes : il est alors synonyme du mot droit : c'est en ce sens que l'on dit, la législation française ou le droit français ;

2° Il exprime aussi quelquefois ce qui devrait être, par opposition à ce qui est : alors, au contraire, en le place en antithèse avec le mot droit : on dit, par exemple : tel principe serait vrai en législation ; mais en droit, on décide autrement. Le mot législation est pris ici dans le sens de droit abstrait, idéal et théorique, par opposition aux solutions du droit pratique et positif.

31. La science du droit se propose pour but le règlement des relations que l'état de société établit nécessairement entre les hommes, la protection de tous les intérêts, le maintien de l'ordre public, et la sauvegarde des principes de justice, de liberté et d'équité. Elle établit les règles les plus propres à maintenir l'harmonie et la concorde.

Son objet est triple : les personnes, — les choses, — et les actions : « *Omne jus, vel ad personas attinet, vel ad res, vel ad actiones.* » (L. 1, *Dig. de statu hominium.*) Le Code civil ne vise que deux de ces objets, les personnes et les choses. Quant aux actions, elles sont organisées par le Code de procédure au point de vue civil, et par le Code d'instruction criminelle au point de vue pénal. Vous aborderez, l'année prochaine seulement, l'étude de ces différents Codes.

(Troisième leçon.)

Messieurs,

32.   Il importe maintenant de vous faire connaître les différentes divisions du droit : or, il y en a six principales présentées par la doctrine : l'on a coutume, en effet, de diviser le droit :

1° En droit naturel et droit positif ;
2° En droit civil et droit des gens ;
3° En droit public et droit privé ;
4° En droit commercial et droit civil (non commercial) ;
5° En droit déterminateur et droit sanctionnateur ;
6° En droit écrit et droit non écrit ou coutumier. — (Comparez M. Mourlon, *Répétitions écrites*, t. i, Introduction, n°ˢ 7 à 14, et M. Acollas, *Manuel de droit civil*, t. i, Introduction, pag. v à xxi.)

33.   I.   J'aborde immédiatement la première division du droit, en droit naturel, d'une part, et droit positif, de l'autre.

Je commencerai ici, tout en reconnaissant que cette distinction est exacte en elle-même (au point de vue philosophique et moral du moins), je commencerai, dis-je, par protester contre la tendance, assez fréquente chez les auteurs, à pousser jusqu'à l'antithèse la distinction (1) dont il

(1) L'une des plus grandes difficultés, du reste, que présente le développement des notions philosophiques sur la loi, la morale et le droit, se rencontre dans la divergence des significations attachées à ces mots par les différents auteurs. M. Jouffroy, dans son *Cours de droit naturel*, (t. i, première leçon, p. 18 à 20), s'exprime sur ce point de la manière suivante : « En nous résumant, dit-il, nous trouvons dans la relation générale de l'homme à l'homme, cinq espèces de relations principales : 1° celles de l'homme à l'homme comme tel, qui font l'objet du droit d'humanité ; 2° celles de la famille, qui font l'objet du droit de famille ; 3° celles des citoyens d'un même État, qui font l'objet du droit privé ; 4° celles des citoyens à l'État et de l'État aux citoyens, qui font l'objet du droit public ; 5° enfin, celles de société, qui font l'objet du droit des gens. Et dans ces cinq relations, trois grandes divisions : 1° celles qui existent indépendamment du fait de société et qui font

s'agit : Comparez M. Demolombe, *Cours de Code civil*, t. 1, n° 8.

34. *Le droit naturel* porte, d'après la plupart des auteurs qui ont écrit sur le Code civil, ce triple caractère :

l'objet du *droit de nature :* ce sont les deux premières ; 2° celles qui naissent du fait de société, et qui existeraient quand il n'y aurait qu'une société ; elles font l'objet du *droit social :* ce sont les deux secondes ; 3° celles qui naissent de l'existence simultanée de plusieurs sociétés, ou du moins de plusieurs familles indépendantes en contact, et qui font l'objet du *droit des gens :* c'est la cinquième et dernière. A ces différentes branches du droit naturel correspondent dans l'histoire : pour le droit de nature, une foule de systèmes philosophiques, de règles religieuses, d'usages, de coutumes ; pour le droit social, tous les droits positifs ; pour le droit des gens, les coutumes qui ont réglé les rapports de nation à nation aux différentes époques. — Tel est l'ensemble du droit naturel dans l'acception la plus large et la plus haute de ce mot, dans celles où l'ont pris les plus grands esprits qui s'en soient occupés. Mais comme cette acception n'a pas été unanimement embrassée, et que d'autres lui ont été données, il ne sera pas inutile que je vous fasse connaître ces dernières. — En ne faisant attention, dans l'expression *droit naturel*, qu'à l'épithète de *naturel* qui la termine, on a dû être conduit à entendre par cette expression et à lui faire désigner toutes les règles de la conduite humaine qui dérivent de la nature des choses, et que, par conséquent, la raison peut atteindre, quelle que soit la relation à laquelle ces règles s'appliquent. De là l'acception la plus générale de cette expression, celle qui embrasse, dans le droit naturel, la religion naturelle, la morale personnelle, le droit réel, et toutes les parties des droits et des devoirs de l'homme à l'égard de ses semblables. Mais si, au contraire, on fait particulièrement attention, dans la même expression, au mot *droit*, on pourra être conduit à deux autres acceptions très-différentes. Les uns, prenant le mot *droit* dans son sens philosophique, c'est-à-dire comme désignant ce qui est corrélatif au *devoir*, ne consentiront à désigner, par l'expression de *droit naturel*, que cette partie des règles de la conduite humaine qui, en imposant un devoir à l'un, créent chez l'autre un droit corrélatif, c'est-à-dire qu'une portion des règles de la conduite de l'homme envers ses semblables. De là, la seconde acception de ce mot, d'après laquelle le droit naturel ne comprend ni la religion naturelle, ni la morale personnelle, ni le droit réel, et n'embrasse pas même toutes les règles de conduite de l'homme envers ses semblables. D'autres enfin, prenant le mot *droit* dans un sens encore plus étroit, c'est-à-dire dans le sens technique des Écoles, n'appelleront *droit naturel* que la partie des règles de la conduite humaine découvertes par la raison qui correspond au droit positif proprement dit, ce qui les conduira à une définition qui comprendra moins encore que la précédente. De là, la troisième et dernière acception de cette expression. — Je déclare que les mots me sont complétement indifférents, pourvu que l'on s'entende. J'estime autant l'une de ces définitions que les deux autres. » (Comparez le *Cours élémentaire de droit naturel* ou *de philosophie du droit*, de M. Alph. Boistel, ch. II, p. 55 et suivantes.)

1° Il est *inné* et *instinctif* : il existe et est obligatoire, indépendamment de toute promulgation ;

2° Il est *immuable* et *indestructible* ; il ne peut, par conséquent, être ni abrogé, ni même modifié : — *semper firmum et immutabile.*

3° Enfin, il est *universel* et applicable en tous les lieux et à tous les hommes « *quod naturalis ratio inter omnes homines constituit.* »

35. *Le droit civil* ou *positif* au contraire, porte, suivant les auteurs auxquels nous faisons allusion, des caractères essentiellement divergents :

1° Il est *l'œuvre du législateur humain*, et comme tel, il ne peut devenir obligatoire que par la promulgation : voilà en quel sens il est *positif*, c'est-à-dire qu'il est *écrit.*

2° Il est *changeant et variable*, précisément parce qu'il est subordonné aux besoins sociaux et qu'il subit le contrecoup des bouleversements politiques : le législateur peut donc, à son gré, le modifier ou même l'abroger entièrement.

3° Enfin, il est *local* et *particulier*, spécial à un peuple unique, aux citoyens d'un même Etat : «*jus civile est quod quisque populus ipse sibi constituit.* » C'est la définition même donnée par Justinien dans ses *Institutes* (liv. 1 titre 2 § 1). Pour les Romains, en effet, ces expressions, droit civil, veulent dire droit spécial au peuple romain. L'on sait qu'en France, elles sont aujourd'hui simplement synonymes, en général, de ces mots « *droit privé.* »

36. Cette distinction, nous l'avons dit plus haut, est assurément vraie au point de vue philosophique et moral. Mais, dans la sphère du droit qui est ici exclusivement la nôtre, nous ne saurions l'accepter sans réserves. A ce dernier point de vue, en effet, l'antithèse, l'espèce d'antagonisme que l'on veut établir entre le droit naturel et le droit civil ou positif, nous semble manquer, à certains égards, d'exactitude.

Qu'est-ce, en dernière analyse, que le droit naturel ? — C'est, à mes yeux, le droit idéal ou rationnel, celui qui paraît être plus épuré, plus parfait que le droit établi : c'est, en un mot, l'ensemble des principes que la Providence a imprimés dans le cœur de tout homme, pour régler ses rapports comme être sociable, soit avec chacun de ses semblables pris individuellement, soit avec la société constituée au milieu de laquelle il est appelé à vivre : or, il est de l'essence des sociétés de changer et de se développer successivement : il ne peut donc pas y avoir, même dans la sphère du pur droit naturel, un type unique et immuable ; le type ne peut pas être le même partout et toujours ; autrement le droit n'atteindrait pas son but qui est de se maintenir, autant que possible, en harmonie avec les besoins et les mœurs des différentes agglomérations humaines.

Il ne nous semble pas convenable et il peut même être dangereux, au point de vue pratique, d'admettre qu'il puisse y avoir encore actuellement en France, en présence surtout de nos lois si soigneusement codifiées, deux droits parallèles, le droit naturel d'un côté et le droit civil ou positif de l'autre. Le Code civil, en particulier, tend-il à autre chose qu'à être le reflet fidèle, l'expression exacte du droit naturel approprié par le législateur de 1804 aux besoins du pays et aux nécessités du temps ? N'est-ce pas là que nous rencontrons nettement précisées par la formule législative (1) ces grandes règles d'humanité, qui constituent les conditions communes et nécessaires à l'existence comme au développement de toutes les associations, règles concernant le mariage, la famille, la propriété, les conventions et les contrats, etc., tout cet ensemble enfin de principes immuables et éternels, si profondément empreints dans les âmes, devant lesquels la raison, impuissante à les créer, est forcée de s'incliner et qui constituent comme le fond inné de toutes les consciences humaines ? « *Hæc non scripta sed*

______

(1) Nous ne prétendons certes pas que le Code civil soit parfait : il contient des lacunes considérables et, sur plusieurs points, il appelle des réformes fondamentales : voyez *suprà*, n°ˢ 12 et suivants. Mais, nous maintenons que, sous une législation codifiée comme la nôtre, il est profondément dangereux d'admettre la coexistence de deux droits parallèles, pour ainsi dire rivaux, le droit naturel d'un côté et le droit civil ou positif de l'autre.

nata lex, disait Cicéron dans son magnifique langage :
*quam non didicimus, accepimus, legimus, verùm ex na-
turâ ipsâ arripuimus, hausimus, expressimus ; ad quam
non docti sed facti, non instituti sed imbuti sumus.* »
(Cicéron, *pro Milone*, chap. IV.)

37. Il ne nous sera pas difficile de démontrer que les
règles de morale les plus saintes, les plus évidentes, ont été
formulées par nos lois positives, précisément à cause de la
volonté du législateur de faire cesser toute incertitude et
d'anéantir tout antagonisme entre le droit naturel et le droit
civil. Si l'on ouvre le Code civil, l'on y rencontre l'art. 203 :
« Les époux contractent ensemble, par le fait seul du mariage, l'obligation de nourrir, entretenir et élever leurs enfants ; » l'art. 212 : « Les époux se doivent mutuellement
fidélité, secours, assistance ; » l'art. 371 : « L'enfant, à tout
âge, doit honneur et respect à ses père et mère ; » l'art.
1134 : « Les conventions, légalement formées, tiennent
lieu de loi à ceux qui les ont faites ; » l'art. 1382 : « Tout
fait quelconque de l'homme, qui cause à autrui un dommage, oblige celui par la faute duquel il est arrivé, à le
réparer. » Prenez le Code pénal et vous y rencontrerez notamment les art. 321, 327, 328, 329, qui proclament le
droit de légitime défense et qui décident qu'il n'y a ni
crime, ni délit, lorsque l'homicide, les blessures et les
coups étaient ordonnés par la loi et commandés par l'autorité légitime, ou encore imposés par la nécessité actuelle
de la défense de soi-même ou d'autrui. Nous pourrions citer
bien d'autres exemples : mais ceux-ci suffisent, il nous
semble, à fournir la démonstration victorieuse de notre
thèse, à savoir que sous l'empire de nos lois codifiées, le
droit naturel doit s'effacer d'une manière à peu près complète comme droit distinct, à raison de son incorporation
réalisée, en fait, dans les textes du droit civil et positif.

38. Pourtant des auteurs considérables, notamment
MM. Demante et Colmet de Santerre, (*Cours analytique
de Code civil*, Introduction, n°ˢ 4, 5, 6, 7 et 14), maintiennent formellement l'antithèse, parce que, disent-ils,

le droit naturel s'impose de lui-même, à raison de cette circonstance que toutes les maximes régulatrices des actions humaines ne se trouvent pas formulées dans nos Codes : « Le droit naturel sert aussi de règle dans le for extérieur, » déclare M. Demante, t. i, n° 14 *bis*, I.

Nous croyons cette affirmation beaucoup trop absolue : le droit naturel ne nous apparaît aujourd'hui comme obligatoire, qu'autant qu'il est consacré, sinon formellement, au moins d'une manière implicite, par les textes de nos lois positives. Sans doute, nous le reconnaissons volontiers, le législateur français n'a point promulgué toutes les règles de la morale transcendante, par cette raison bien simple qu'il statuait en vue des besoins essentiellement contingents du temps et du pays. La sphère de la morale est plus large, plus étendue que la sphère dans laquelle se meut notre droit civil : il y a quelque chose au delà de nos Codes, et l'on peut être un très-malhonnête homme, sans tomber pour cela directement sous le coup d'un texte répressif : encore les plus habiles y sont-ils souvent trompés !!! Nous admettons toutes ces idées. Mais alors on franchit, il faut bien le remarquer, les limites de la légalité pour entrer dans le domaine du for intérieur : la doctrine de M. Demante ne tend à rien moins, si on l'envisage dans ses conséquences dernières, qu'à placer sur une ligne à peu près semblable les devoirs de conscience, dans l'accomplissement desquels l'homme ne relève que de lui-même devant Dieu, et les obligations *légales*, de l'observation desquelles l'homme est responsable devant la société : or, entre ces deux ordres de vérités, il y a un abîme.

39. En dernière analyse, nous trouvons, au degré le plus élevé, *la morale et la religion*, règles suprêmes des actions humaines, mais étrangères à la légalité et se maintenant strictement dans les limites du for intérieur : à la religion et à la morale correspond *le devoir*. Au second degré nous rencontrons le *droit naturel ou rationnel*, fruit des tâtonnements législatifs des différents peuples, et de l'idéal par eux poursuivi, — expression des besoins plus

ou moins permanents des sociétés humaines, combinaison harmonieuse enfin des résultats acquis par l'expérience, et des révélations spontanées de l'intuition. Les préceptes du droit naturel forment la base de toute législation sage et éclairée : ils peuvent être, dans une certaine mesure, exécutoires dans le domaine du for extérieur : mais, quand ils existent seuls, ils manquent de fixité, et ils peuvent parfois prêter des armes à l'arbitraire. Nous arrivons ainsi à une nouvelle et dernière manifestation du droit ; c'est le *droit positif ou promulgué* qui a pour but de condenser dans des textes brefs, précis, et en même temps de sanctionner celles des règles définitivement acquises qui *paraissent indispensables* à la marche de la société, objet des préoccupations du législateur. A partir de ce moment, pour le pays bénéficiaire de la codification, (et c'est le cas de la France aujourd'hui), nous soutenons qu'il ne saurait plus y avoir deux sortes de lois pour ainsi dire rivales, la loi naturelle d'un côté et la loi positive de l'autre. *Le droit naturel s'efface devant la loi promulguée*, et il faut, de toute nécessité, n'admettre plus désormais que celles des règles dérivant de *l'équité naturelle* qui sont, soit explicitement, soit au moins implicitement reconnues par les textes des différents Codes, sous peine de retomber dans le doute et dans l'incertitude, que la *formule* législative s'était précisément proposé d'écarter. Comparez notre *Sommaire des Prolégomènes du cours de Code civil*, n°ˢ 16 et 19.

40. Puisque nous repoussons le point de départ, nous devons également repousser les résultats pratiques de la doctrine admise par MM. Demante et Colmet de Santerre. Ces éminents jurisconsultes aboutissent, (Voir *Cours analytique*, t. 1, Introduction, n°ˢ 15, 18, 19, 20), aux deux conséquences que voici :

1° Les préceptes du droit naturel, confirmés ou non par la loi positive, sont toujours susceptibles de servir de base à une condamnation judiciaire, indépendamment de toute promulgation préalable ;

2° Les règles du pur droit naturel sont applicables à

tous les hommes sans distinction d'origine , par conséquent aux étrangers comme aux nationaux.

41. Nous pouvons écarter la première de ces déductions, dans sa généralité excessive , avec les textes eux-mêmes du Code civil : l'article 1 déclare, en effet, formellement, que les lois ne peuvent devenir exécutoires qu'après avoir été formulées par la puissance publique ; et l'article 2 ajoute que les lois ne disposent que pour l'avenir , en sorte qu'elles ne sauraient avoir aucun effet rétroactif. «Il serait d'ailleurs, dit avec raison M. Demolombe (*Cours de Code Napoléon*, t. 1, page 9 , n° 10), inexact et dangereux de dire que le droit naturel est préexistant et immuable , pour en conclure qu'il est obligatoire rétroactivement et indépendamment de toute promulgation, Le but essentiel des lois positives est précisément de prévenir , à cet égard, l'incertitude et l'arbitraire , en déterminant , parmi les règles si nombreuses et quelquefois même si controversées du droit naturel , celles qui deviendront *lois* , celles qui seront *légalement* obligatoires. »

42. Nous avons également des réserves à faire en ce qui concerne la seconde déduction, présentée par M. Demante , à savoir que « les lois naturelles étant communes à toute l'espèce humaine , il suffit d'être homme pour en subir et en réclamer partout l'exécution, (Voir t. 1, Introduction, n° 15). Nous ferons remarquer en effet , que, même parmi les institutions qui appartiennent par excellence au droit naturel , telles que le mariage , la famille , la propriété , même parmi les principes les plus certains d'équité , tels que le respect dû à la liberté d'autrui , beaucoup ont soulevé les plus graves controverses , beaucoup ont été l'objet des violations les plus flagrantes : l'histoire du droit témoigne amplement de cet état de choses. Ce serait donc ouvrir de nouveau l'arène des contestations et des difficultés de toute sorte, que de se référer aux règles plus ou moins équivoques du droit naturel , pour organiser , par exemple, la situation civile des étrangers en France. Les textes de nos différents Codes nous paraissent suffire à cette

4

tâche. Vous pouvez consulter, à titre d'applications, les art. 3, 9, 10, 11, 13, 14, 15, 16, 47, 170, 726, 912, 2123, 2128 Cod. civ. ; — la loi du 14 juillet 1819, relative à l'abolition des droits d'aubaine et de détraction ; — les art. 69, 166 et suiv., 424, 546, 906, Cod. proc. civ. ; — et les art. 5, 6 et 7, Cod. inst. crim., modifiés par la loi du 27 juin 1866. — Ainsi encore, les auteurs examinent la question de savoir si les principes de la prescription soit acquisitive, soit libératoire ou extinctive, peuvent être invoqués aussi bien par les étrangers que par les Français. Eh bien ! nous n'hésitons pas à répondre affirmativement ; et nous n'avons pas besoin, pour confirmer notre solution, de recourir à cette idée que l'institution de la prescription aurait son fondement dans le droit naturel. Les textes du Code civil nous fournissent une démonstration complète et suffisante par elle-même : d'après l'art. 3, al. 2, en effet, les étrangers peuvent être propriétaires en France : d'après les principes généraux du même Code, combinés avec les dispositions modificatives de la loi du 14 juillet 1819, ils ont la faculté de passer des contrats et de conclure des marchés dans notre pays : or, qui veut la fin veut les moyens ; la concession du droit de propriété emporte virtuellement l'usage des différents modes et procédés de transmission admis par le Code civil, (art. 711, 712 et suiv.). — Les art. 15 et 16 nous apprennent que les étrangers ont la faculté de devenir en France débiteurs ou créanciers ; la loi, du même coup, leur a nécessairement accordé le droit d'invoquer tous les moyens, soit d'acquérir, soit de conserver, soit d'éteindre leurs créances ou leurs dettes : le livre III du Code civil leur est donc tout entier applicable en règle générale, sauf les dérogations de détail qui peuvent être contenues dans des textes spéciaux. Dès lors les étrangers doivent nécessairement être admis à invoquer en France les principes de la prescription soit acquisitive, soit extinctive ou libératoire : Voyez M. Demolombe, *Cours de Code Napoléon*, t. I n°s 240-246 ; — Marcadé sur l'art. 2219, n° 4, al. 2 ; — Troplong, *Prescription*, t. I, n° 35. — Comparez nos *Considérations générales sur l'acquisition ou la libération par l'effet du temps*, n°s 43 et suivants.

43. II. Je passe maintenant à la seconde division du droit, en droit civil d'une part, et droit des gens de l'autre.

Le mot droit civil a d'abord un premier sens historique, qui n'est plus guère usité aujourd'hui : pris dans cette acception, il signifie l'ensemble des lois qui sont propres et particulières aux membres d'une certaine nation : *Jus proprium civitatis (Inst.* liv. 1er, tit. 2, § 1). Ainsi notre droit civil comprendrait toutes les lois qui régissent spécialement les Français.

A ce point de vue, le droit civil forme antithèse avec le *droit des gens*, lequel, dans une première acception signifie, dans chaque pays, l'ensemble des règles communes à tous les hommes, sans distinction d'origine, étrangers ou nationaux : ainsi, dit M. Mourlon (*Répét. écrites*, t. 1, Introd. n° 9), « chez tous les peuples, deux sortes de lois existent : les unes sont propres aux membres de la nation qui les a faites : elles forment le *jus proprium civitatis*, le *droit civil*; les autres sont applicables à tous les hommes, sans distinction de nationalité : elles forment le *jus commune gentium*, le *droit des gens.* »

Le mot droit civil est, en France, aujourd'hui le plus souvent pris comme synonyme de droit privé, c'est-à-dire de la partie de la législation qui s'occupe plus spécialement de formuler les rapports nécessaires et juridiquement obligatoires qui régissent les individus, en ce qui concerne la famille et la propriété. Voyez, pour la critique de cette dénomination, M. Acollas (*Manuel de droit civil*, t. 1, pag. XIX à XXI).

On prend aussi quelquefois le mot droit civil par opposition au droit commercial, ou encore par opposition au droit criminel, ou enfin par opposition au droit administratif : cette subdivision du droit privé nous paraît dépourvue de toute valeur vraiment scientifique.

Revenons au droit des gens : outre l'acception que nous avons signalée plus haut, on emploie encore ces expressions pour désigner ce qu'on appelle, dans le langage moderne, le droit international, c'est-à-dire l'ensemble des lois qui règlent les rapports nécessaires entre les nations. La source de ce droit se trouve, soit dans les traités de paix, d'alliance et de commerce, soit dans les usages constamment et réciproquement observés entre les peuples, soit enfin dans les règles reconnues si essentielles et si indispensables à la sociabilité humaine, qu'elles ont obtenu, partout et toujours, l'adhésion unanime des différentes nations. Toutefois, la sanction est ici bien imparfaite : elle se rencontre uniquement dans l'emploi de la force de la part de la nation qui se juge atteinte au point de vue de l'exercice de ses prérogatives légitimes ; elle se trouve encore dans la déconsidération méritée dont une nation devient l'objet, quand elle refuse délibérément de se soumettre aux préceptes, dont une convention tacite entre les peuples exige l'observation. Aussi, M. Acollas n'hésite-t-il pas à nier l'existence du droit international comme droit spécial et distinct : « le droit international, dit-il (*Manuel de droit civil*, t. 1, Introd. p. vii ; aj. broch. sur *l'idée du droit*, p. 26 et 27), est une morale internationale et non pas un droit; le signe propre et caractéristique du droit, *la sanction de l'action*, lui fait défaut. — Entre nations, lorsque l'une viole le droit de l'autre, comme il n'existe pas de pacte qui lie le genre humain et qui en mette la force collective à la disposition de la nation dont le droit est violé, cette nation ne peut recourir qu'à sa propre force. — Cette coercition diffère en deux points de l'action que confère le droit : — 1° L'action n'est accordée qu'à la suite d'un jugement qui déclare quelle est, entre les deux parties en conflit, celle qui a violé le droit de l'autre; — 2° L'action ne s'exerce que dans la mesure où l'exige la réparation du droit violé. — Sans doute, la nation dont le droit est violé emploie légitimement la force pour s'opposer à cette violation ; mais il n'y a là qu'un fait de résistance, qui ne constitue pas une sanction de ce droit. — Entre particuliers, c'est un principe fondamental qu'on ne se fait pas justice à soi-même; entre nations, le principe est renversé. — Le droit international peut-il devenir un droit véritable? La sanction de l'action peut-elle y être introduite? — La chimère d'un tribunal arbitral qui déciderait entre les nations est réfutée par l'histoire autant que par la raison. L'amphictyonie grecque n'a pas empêché la lutte d'Athènes et de Sparte, et l'assujettissement final de toute la Grèce au joug de Sparte. — A supposer qu'une sorte d'amphictyonie pût être instituée de manière à donner des garanties suffisantes à la justice, un pareil tribunal aurait toujours ce vice irrémédiable d'être impuissant à faire respecter ses décisions. — Que si, pour lui venir en aide, on comptait sur la force de l'opinion, qui ne voit immédiatement que le véritable tribunal arbitral serait alors l'opinion elle-même, et que si l'opinion a une telle force qu'elle fasse obstacle à la guerre entre les nations, c'est que désormais elle les gouverne. » Faisons observer, en terminant, que le droit international est appelé aussi par certains auteurs droit naturel international, droit des gens, ou encore droit public externe.

44. III. Une troisième division du droit consiste à distinguer le droit public d'une part, d'avec le droit privé d'autre part.

Le mot droit public se prend, du reste, habituellement dans deux acceptions très-différentes : (Comparez M. Demolombe, *Cours de Code civil*, t. i, n⁰ˢ 16 et 17) :

1° Le droit public s'entend de l'ensemble des principes qui régissent les relations des particuliers avec l'Etat, en déterminant la ligne de démarcation entre les gouvernants et les gouvernés, et en organisant les rapports d'autorité et d'obéissance. En ce sens, le droit public, appelé aussi par quelques auteurs droit politique (1), ou encore droit public

(1) M. Acollas qui, suivant la judicieuse remarque de notre éminent confrère de Gand, M. Rolin-Jaequemyns, a été l'un des premiers à rompre résolument avec les traditions, pour entrer dans les voies de la libre recherche, sans s'inquiéter des autorités consacrées, (*Revue de droit international et de législation comparée*, t. i, p. 303 et 649), M. Acollas, disons-nous, se livre, dans la brochure intitulée *De l'idée du droit*, p. 29 et suiv., à des appréciations fort curieuses à consulter, sur le droit politique : ces aperçus se terminent, d'ailleurs, par une profession de foi très-nette en faveur de l'état républicain fédératif. Le droit politique, dit M. Acollas, est presque universel-

interne, se rapproche beaucoup du droit constitutionnel :
mais son domaine est plus large : ainsi, par exemple, les

lement défini, la partie du droit qui règle les rapports des particuliers avec
l'État : « Cette définition suppose que l'État a une existence propre en dehors
des particuliers ; elle provient d'une erreur accréditée depuis des siècles. —
L'État n'est ni une personne, ni même un être ; il est l'abstraction correspon-
dant à un ensemble d'individus considérés comme membres de la même société,
ou plutôt de la même cité. — Une abstraction, un pur concept peut-il entrer
en rapport avec les particuliers? L'État qui, en réalité, n'existe pas, peut-il avoir
des droits en propre, des droits opposables aux particuliers? — La négative
est évidente. — Poursuivons toutefois. — Quoique l'État soit un pur concept, il
représente un ensemble d'activités ; à ce nouveau point de vue, il se confond
avec le pouvoir ou avec les pouvoirs, c'est-à-dire avec les diverses formes logiques de l'activité des citoyens. — Il existe trois pouvoirs : le législatif,
l'exécutif et le judiciaire. — Ce que les publicistes, par une transposition d'i-
dées, désignent ordinairement sous ce nom, n'est que la délégation de ces pouvoirs. — Que résulte-t-il de là ? C'est que le pouvoir ou les pouvoirs n'ont pas
plus que l'État, une existence propre ; ils résident essentiellement dans chacun
des citoyens. — Ainsi, s'évanouit la fausse antithèse du droit politique et du
droit privé. — Tout droit est essentiellement privé, en ce sens qu'il ne peut
avoir trait qu'aux rapports des particuliers entre eux ; mais l'expression de droit
privé, si on la généralisait, aurait le tort de ne pas faire entendre que le droit
ne considère les individus qu'en société, ce qui implique l'idée de rapports
complexes. Dans la société, en effet, l'individu est membre de la cité et membre
d'une famille. De là, deux séries de rapports qui ont ce point commun de
constituer des rapports sociaux. — L'expression de droit politique désigne très-
exactement l'ensemble de ces rapports. — Tout droit, dans le sens vrai, est donc
un droit politique ; car tout droit tend essentiellement à faire vivre les hommes
les uns à côté des autres, en maintenant entre eux l'harmonie. — Qu'on ne
m'accuse donc pas d'être un novateur téméraire, lorsque je propose de diviser
le droit positif, au point de vue des rapports qu'il règle, en deux parties, qui
seraient, — L'une, le droit de cité, l'autre, le droit de famille. — J'ajoute,
sans vouloir développer cette idée pour le moment, que le droit de propriété,
c'est-à-dire la liberté du travail et de l'effort propre, fait partie du droit de cité.
— Considéré comme citoyen, l'individu exerce son activité dans plusieurs
groupes. Il est citoyen : — 1° dans l'État; — 2° dans les divisions et subdivisions de l'État, départements ou provinces et communes. (En France, il y a
lieu de supprimer l'inutile circonscription de l'arrondissement, d'élargir la commune aux dimensions du canton, et de donner aussi plus d'étendue aux dépar-
ments, mais en se gardant bien de tout retour aux circonscriptions provinciales
de l'ancienne France.) De là, la décomposition des rapports auxquels s'applique
le droit politique ; ces rapports régissent : — 1° l'État ; — 2° le département
et la province; — 3° la commune. — Ils donnent lieu à deux questions : —
Quelle doit être l'organisation de l'État, du département ou de la province et
de la commune? Quelles doivent en être les attributions? — La définition de
l'État, qui est en même temps celle de ses divisions et de ses subdivisions,
commande la solution de l'une et de l'autre. — L'État, le département ou la
province et la commune n'étant que des collectivités, sans personnalité et sans

lois qui répriment les atteintes portées aux bonnes mœurs, se rattachent directement au droit public, et ne rentrent pas cependant dans la sphère du droit constitutionnel. Mais l'un et l'autre ont pour objet la distribution des pouvoirs, l'organisation de la puissance publique, le règlement des élections, la fixation des conditions requises pour pouvoir être admis aux emplois publics, etc., etc. — Le droit privé s'occupe, au contraire, de règlementer les rapports des particuliers entre eux ;

existence propre, n'ont pas de droits propres. — Le principe de tout droit comme de tout devoir est immanent dans l'individu. — De là résulte que, lorsque l'individu n'exerce pas son activité par lui-même, toute fonction dans l'Etat, dans le département ou la province, et dans la commune, n'existe qu'à titre de fonction déléguée. — La prémisse de la solution de nos deux questions est donc celle-ci : l'organisation de l'Etat et les attributions du département ou de la province et de la commune, n'ont d'autre fondement scientifique possible que le *droit inaliénable de l'individu déléguant ou mandant.* — La première condition scientifique de la constitution de l'Etat, du département ou de la province et de la commune, est donc la reconnaissance effective de ce droit. — Tout Etat, dont l'organisation et les attributions contredisent cette idée primordiale, est en dehors du droit politique ; il est la violation permanente du droit de l'individu. — La seconde condition scientifique de la constitution de l'Etat dérive du même principe que la première : l'individu déléguant ou mandant n'a lieu de déléguer ou de conférer mandat que dans la mesure nécessaire. — Le système représentatif n'est pas plus un principe, que le droit propre de l'Etat ou du représentant ; le système représentatif n'est qu'un mécanisme politique ; or, un mécanisme n'est qu'un moyen. — Dans l'état actuel, le peuple même, chez lequel ce mécanisme fonctionne de la manière la moins imparfaite, c'est-à-dire les Etats-Unis d'Amérique, est loin de lui avoir donné toute la perfection dont il est, dès à présent, susceptible. — Le progrès de la constitution politique consiste à ce qu'elle se rapproche de plus en plus de son principe ; et, en tous rapports juridiques, ce principe, nous le répétons, est le droit de l'individu. — Plus donc l'individu exerce son droit par lui-même, plus l'instrument politique a acquis de perfection. — Les lois fondamentales du droit politique sont maintenant faciles à déterminer : — Toute fonction dans l'Etat, dans le département ou la province et dans la commune, constituant un exercice du droit du citoyen par un autre que par lui-même, doit être essentiellement *temporaire, révocable, responsable.* — Toute fonction dans l'Etat, dans le département ou la province et dans la commune, ne doit être déléguée que tout autant que le citoyen n'est pas apte à exercer son droit par lui-même. — En conséquence, le seul Etat logiquement et légitimement constitué est celui où l'individu étant gouverné le moins possible, se gouverne le plus possible par lui-même. — En même temps, le seul Etat qui satisfasse à cette définition est l'Etat républicain fédératif. » Comparez le *Manuel du droit civil*, t. i, Introduction, pag. xii à xx.

2° Dans une seconde acception, le mot droit public désigne une partie du droit privé, mais ce qui, dans le droit privé, a été introduit en vue de sauvegarder un intérêt public : telles sont les lois qui répriment les infractions aux bonnes mœurs ; telles sont encore les dispositions contenues dans le livre premier du Code civil. Ce livre tout entier a trait au droit privé : « *Quod ad singulorum utilitatem attinet.* » Mais, en même temps, tout ce qui concerne les rapports de famille, a pour but la défense d'un intérêt d'ordre public au premier chef. Il n'y a pas là de purs intérêts pécuniaires exclusivement en jeu. Je puis citer encore, en ce qui concerne les lois relatives aux biens, la disposition de l'art. 815, aux termes duquel *nul ne peut être contraint à demeurer dans l'indivision.* C'est là encore une loi d'intérêt public, en même temps que d'intérêt privé. L'indivision est, en effet, prohibée, d'un côté, parce qu'elle est une source de querelles et de difficultés de tout genre, et d'un autre côté, parce qu'elle est également contraire à la libre circulation des biens et à la bonne exploitation des terres. Voyez M. Demolombe, *Traité des Successions*, t. III, n° 486, (t. XV, *des OEuvres complètes*).

Il me reste à vous faire connaître l'application pratique de cette distinction, en lois d'intérêt purement privé et en lois d'intérêt général ou public : l'application est faite par l'art. 6 du Code civil dans les termes suivants : « On ne peut pas déroger, par des conventions particulières, aux lois qui intéressent l'ordre public et les bonnes mœurs. » Ainsi, toutes les fois qu'une loi a pour objet la sauvegarde d'un intérêt général ou public, elle est obligatoire pour tout le monde, et les particuliers ne peuvent y déroger ni y renoncer d'aucune manière : vous ne pouvez, en effet, renoncer qu'aux prérogatives qui vous sont propres et personnelles, et encore sous la condition que votre renonciation ne compromettra pas l'intérêt général. — Le droit privé, au contraire, admet toutes les modifications qu'il plaît aux parties d'y apporter : les particuliers peuvent même renoncer entièrement à l'exercice de telle ou telle faculté privée. Comparez M. Valette, *Cours de Code civil*, t. I, p. 39; aj. art. 1134 Code civ.

45. Toutefois, lorsque, en fait, une condition ou une convention contraire, soit à l'ordre public, soit aux bonnes mœurs, a été insérée dans un acte, il importe beaucoup de savoir si cet acte est un acte à titre gratuit ou un acte à titre onéreux.

S'agit-il d'un acte à titre gratuit? — Appliquez alors l'art. 900, ainsi conçu : « Dans toute disposition entre vifs ou testamentaire, les conditions impossibles, celles qui seront contraires aux lois ou aux mœurs, seront réputées non écrites. » L'intention libérale l'emporte : l'acte est maintenu : seulement on répute *non écrite* la clause illicite. Comparez M. Demolombe, *Traité des donations et des testaments*, t. I nᵒˢ 194 à 205, (t. XVIII *des Œuvres complètes*), et *Traité des contrats*, t. II, nᵒ 300, (t. XXV *des Œuvres complètes*); ajoutez M. Mourlon, *Répétitions écrites*, t. II, nᵒ 527, et M. Acollas, *Manuel de droit civil*, t. II, p. 384 et 817.

S'agit-il d'un acte à titre onéreux? — Appliquez l'art. 1172, ainsi conçu : « Toute condition.... contraire aux bonnes mœurs ou prohibée par la loi, est nulle, et *rend nulle la convention qui en dépend.* » Comparez art. 1131 et 1133. L'on donne habituellement, de cette rigueur de la loi, les trois motifs suivants : 1° La convention à titre onéreux avait précisément, pour cause et pour raison d'être, la condition illégale qui ne peut pas être accomplie; ce serait donc dénaturer la volonté des contractants que d'annuler seulement l'acte pour partie : vous ne rencontrez plus ici cette volonté libérale d'un disposant, qui veut avant tout conférer un bienfait, et qui n'entend pas subordonner le sort de sa libéralité à l'exécution de clauses accessoires plus ou moins réfléchies; 2° Les contrats à titre onéreux étant l'œuvre de toutes les parties, chacune d'elles est coupable, soit d'avoir proposé, soit d'avoir accepté une condition immorale ou ridicule : la convention qu'elles ont faite ne peut et ne doit, par conséquent, profiter à aucune d'elles ; 3° Le législateur a craint, en outre que, s'il maintenait le contrat, en effaçant seulement la clause illicite, les parties ne crussent leur honneur engagé à l'accomplissement, quand même, de la condition immorale ou illégale, sous laquelle elles avaient primitivement contracté.

Il est donc absolument essentiel, lorsque l'on veut introduire, dans un acte, une convention dérogatoire à une loi, de savoir si cette loi avait pour objet la sauvegarde d'un simple intérêt privé, ou si, au contraire, elle avait pour but de défendre l'intérêt général et d'assurer le maintien de l'ordre public et le respect des bonnes mœurs : nous verrons bientôt, en étudiant l'art. 6, quel est le *criterium* qu'il convient d'adopter sur ce point. Voyez *infrà*, n°⁵ 69 et suivants, l'appendice.

46. IV. Nous arrivons à la quatrième division du droit, en droit commercial et droit civil (non commercial).

Le droit commercial est cette partie du droit privé qui trace les règles applicables aux commerçants et aux actes de commerce ou transactions commerciales. Un Code spécial, (le Code de commerce), complété par une foule de lois importantes, dans le détail desquels nous n'avons pas à entrer ici, est consacré à ces matières. — Le droit civil, (*sensu stricto*), règle tous les faits de la vie ordinaire, qui ne constituent pas des actes de commerce. Il y a plus : on décide généralement que le Code civil doit servir de complément aux règles du droit commercial. On argumente des articles 18 et 94 du Code de commerce, qui renvoient, en matière de société et de commission, aux règles du Code civil ; de l'art. 109 relatif à la preuve des achats et ventes qui doit nécessairement être complété par les dispositions du Code civil ; de l'art. 1107 du Code civil qui ne renvoie au Code de commerce que pour les règles *particulières* aux transactions commerciales ; de l'art. 1873 du Code civil, qui déclare formellement applicable le titre des sociétés civiles aux sociétés commerciales, dans les points qui n'ont rien de contraire aux lois et aux usages du commerce ;

de l'avis du Conseil d'Etat du 13 décembre 1811, qui déclare « que les tribunaux de commerce doivent juger les questions particulières qui se présentent, suivant leurs convictions, d'après les termes et l'esprit du Code, et, en cas de silence de sa part, d'après le *droit commun* et les *usages* du commerce; » enfin, de l'exposé des motifs de la loi du 23 mai 1863 sur le gage commercial, qui confirme expressément cette manière de voir.

47. V. Le regrettable M. Oudot distinguait encore le droit *déterminateur*, et le droit *sanctionnateur*. — (*Essais philosophiques*, p. 72 et suiv.).

Le droit déterminateur est celui qui pose les règles du juste et de l'injuste : exemples : art. 203, 205, 212, 213, 228, 340, 341, 371, 374, 384, etc. — Le droit sanctionnateur est celui qui procure l'observation des règles du juste et de l'injuste, à l'aide des peines qu'il inflige ou des avantages qu'il accorde. Dans cette classification, il convient de faire rentrer d'abord les lois pénales et criminelles, (Code d'instruction criminelle et Code pénal); le système des preuves qui servent à établir victorieusement en justice un droit méconnu ou violé; enfin plus généralement la procédure, qui indique les moyens à employer lorsqu'on veut obtenir le maintien, en justice, de ses prérogatives légitimes.

48. VI. La sixième et dernière division du droit, annoncée *suprà*, n° 32, consiste à reconnaître d'un côté un droit *écrit*, et d'un autre côté, un droit *non écrit* ou *coutumier*. Comparez notre *Sommaire des prolégomènes* du Cours de Code civil, n°s 59 et 62.

Il faut bien comprendre la portée exacte que peut avoir cette classification, qui est surtout historique et scientifique. Cette division du droit en droit écrit et droit non écrit ou coutumier, ne se rattache pas, dit M. Mourlon, (*Répétitions écrites*, t. 1, Introduction, n° 13) au fait matériel de l'écriture : « Une loi peut être écrite, bien qu'elle ne soit point constatée par l'écriture, et réciproquement non écrite, bien qu'un écrit la constate. — *La loi écrite est celle* qui a été *proposée, discutée, acceptée* expressément et *promulguée* par le législateur; peu importe qu'elle soit ou non constatée par écrit. — *La loi non écrite* est celle qui s'est *introduite tacitement* par la coutume, c'est-à-dire par un usage généralement observé; peu importe que cette coutume soit ou ne soit pas constatée par écrit. Ainsi, le droit *écrit* est celui qui résulte de la volonté *expresse* du législateur; le droit *non écrit* est celui qui résulte de sa volonté *tacite*, manifestée par la tolérance qu'il accorde aux usages constants et généraux. — Cette distinction a joué un grand rôle dans notre ancienne jurisprudence. La France, en effet, avait autrefois deux législations bien distinctes, le droit *non écrit* ou *coutumier*, dans le nord; le droit *écrit*, dans le midi. Mais *aujourd'hui nous n'avons plus, du moins en matière civile, que des lois écrites*. Les anciennes coutumes ont été abrogées par l'art. 7 de la loi du 30 ventôse, an XII, (21 mars 1804). Quant aux usages nouveaux, si persévérants, si généraux qu'ils soient, ils n'acquièrent point force de loi. Les juges ne peuvent appuyer sur eux leurs décisions, que dans les cas spéciaux où la *loi écrite* s'y réfère. » Comparez les art. 590, 593, 663, 671, 1135, 1758, 1759, etc.; Voyez M. Demolombe, *Cours de Code civil*, t. I, nᵒˢ 32 à 35; ajoutez Cass. 14 mai 1852 (Mallet), (Dev. 1852-1-855); comparez la loi des 13-20 juin 1866, concernant les usages commerciaux. (D. P. 1866-4-67 et suiv.)

(Quatrième leçon [1].)

Messieurs,

49. Vous savez maintenant en quoi consistent la loi, la morale et le droit; leur but, leurs moyens d'action, les différentes classifications qui s'y rattachent vous sont

---

[1] Cette quatrième leçon a été singulièrement revue et augmentée pour le moment de l'impression.

également connus; nous pouvons donc passer à l'étude du quatrième et dernier point, (indiqué plus haut, n° 10).

CHAPITRE QUATRIÈME

Théorie sommaire des différentes espèces de devoirs (*sensu lato*) ou d'obligations. — Distinction des droits réels et des droits personnels, ou droits de créance.

50. L'on a coutume de distinguer trois grandes classes de devoirs, en prenant ce mot dans son sens le plus étendu :

1° Les devoirs purement moraux ou obligations de conscience ;

2° Les devoirs juridiques naturels, ou obligations naturelles ;

3° Les devoirs juridiques positifs, ou obligations civiles. Comparez M. Boistel, *Cours élémentaire de droit naturel et de philosophie du droit*, (3° leçon, p. 57 et suivantes).

51. Les *devoirs* purement *moraux* ou *obligations de conscience* (1) sont tout à fait en dehors de l'ordre légal

(1) Le terme d'obligation, dit Pothier au n° 1 de son *Traité des obligations* (édition Bugnet, t. ıı, p. 1), a deux significations : « Dans une signification étendue, *sensu lato*, il est synonyme au terme *devoir*, et il comprend les *obligations imparfaites* aussi bien que les *obligations parfaites*. — On appelle *obligations imparfaites*, les obligations dont nous ne sommes comptables qu'à Dieu, et qui ne donnent aucun droit à personne d'en exiger l'accomplissement : tels sont les devoirs de charité, de reconnaissance; tel est, par exemple, l'obligation de faire l'aumône de son superflu. Cette obligation est une véritable obligation, et un riche pèche très-grièvement, lorsqu'il manque à l'accomplir. Mais c'est une obligation imparfaite, parce qu'il n'en est comptable qu'à Dieu seul : lorsqu'il s'acquitte de cette obligation, le pauvre à qui il fait l'aumône, ne la reçoit pas comme une dette, mais comme un pur bienfait. Il en est de même des devoirs de la reconnaissance : celui qui a reçu quelque bienfait signalé, est obligé de rendre à son bienfaiteur tous les services dont il est capable, lorsqu'il en trouve l'occasion; il pèche et il se déshonore quand il y manque : mais son bienfaiteur n'a aucun droit d'exiger de lui ses services; et lorsqu'il les lui rend, ce bienfaiteur reçoit de lui à son tour un véritable bienfait. Si mon bienfaiteur avait droit d'exiger de moi que je lui rendisse, dans la même occasion, les mêmes services qu'il m'a rendus, ce ne

ou social, et relèvent exclusivement de l'ordre moral. Ils comprennent, sans aucune distinction, tous les devoirs de l'homme envers Dieu et tous ses devoirs envers lui-même; ils comprennent également, parmi les devoirs de l'homme envers ses semblables, les devoirs de charité ou de bienfaisance et les devoirs de reconnaissance. Tout ici, nous le répétons, est exclusivement du ressort du for intérieur. Ces différents devoirs sont l'expression de ce sentiment profond du juste et de l'injuste, du bien et du mal, qui existe à un degré plus ou moins développé dans le cœur de chacun de nous.

Mais il est évident que ces préceptes, dont la souveraineté s'impose d'ailleurs à l'intelligence de l'homme, ne sauraient néanmoins suffire à eux seuls : car les passions les font trop souvent enfreindre, les sophismes les altèrent, les penchants égoïstes détournent de leur observation.

En dernière analyse, l'obligation purement morale n'est qu'un simple devoir de convenance, de l'accomplissement duquel l'homme n'a pas à répondre devant la société : elle n'engendre, à proprement parler, ni dette, ni créance : ses effets directs ne se produisent que dans le for intérieur : elle ne constitue pas un lien de droit, ni une véritable nécessité juridique, en sorte que si elle est acquittée, il y a une véritable libéralité; car c'est bien *nullo jure cogente* qu'un tel acte est consenti : dès lors, on peut dire avec le jurisconsulte Paul : « *Etsi honestè, ex liberalitate tamen fit.* » (L. 12. § 3, *in fine*, Dig. liv. 26, tit. 7, *de administratione et periculo tutorum.*)

Dès lors, les devoirs purement moraux ou obligations de conscience ne pouvant donner lieu qu'à une sanction pure-

serait plus un bienfait que j'aurais reçu de lui, ce serait un vrai commerce ; et les services que je lui rendrais ne seraient plus de ma part une *reconnaissance*, la reconnaissance étant essentiellement volontaire. — Le terme d'*obligations*, dans un sens plus propre et moins étendu, ne comprend que les *obligations parfaites*, qu'on appelle aussi *engagements personnels*, qui donnent à celui envers qui nous les avons contractées le droit d'en exiger de nous l'accomplissement; et c'est de ces sortes d'obligations qu'il s'agit dans notre *Traité des obligations.* » Comparez les notes ajoutées par M. Bugnet à ce passage de Pothier.

ment immatérielle et intérieure, souvent même remise à la vie future, le jurisconsulte, dans la sphère où il est placé, n'a point, en général, à s'en préoccuper : en effet, au point de vue du droit, nous devons prendre en considération seulement celles des lois morales qui ont été l'objet d'une promulgation législative, soit explicite, soit au moins implicite ou par voie de conséquence, parce que leur observation était jugée nécessaire à la marche régulière et normale des sociétés contemporaines, pour lesquelles la loi était rédigée. Nous allons donc laisser de côté, pour un instant, les devoirs purement moraux, pour aborder la distinction, (formulée plus haut, n° 50), des devoirs juridiques naturels, ou obligations naturelles, et des devoirs juridiques positifs ou obligations civiles. Pour plus de clarté, nous ferons d'abord porter notre examen sur cette dernière catégorie de devoirs.

52. La plus parfaite des obligations, celle qui donne au créancier la plénitude des avantages dont il peut avoir besoin, est assurément l'*obligation civile* ou *devoir juridique positif*. Voilà l'obligation par excellence : car elle est officiellement reconnue par le législateur, elle est munie d'une action, et son exécution est garantie par la puissance publique. On peut la définir (1), en disant, qu'elle constitue un lien de droit, en vertu duquel, (ou une nécessité juridique en vertu de laquelle), une ou plusieurs personnes individuellement déterminées sont tenues envers une ou plusieurs autres également déterminées, à donner, à faire, ou à ne pas faire quelque chose ; (Comp. art. 1101 et *Instit.* Justin. liv. 3, tit. 13 pr.). Elle porte surtout les deux caractères distinctifs que voici : d'une part, elle engendre un véritable lien, *vinculum juris*, garanti et sanctionné par le pouvoir social ; d'autre part, elle est essentiellement relative, et elle existe entre deux personnes nettement

---

(1) M. Boistel, dans son *Cours élémentaire de droit naturel*, (11e leçon, p. 287 et suiv.), définit l'obligation civile de la manière suivante : « L'obligation est un devoir juridique positif qui nous est imposé, lorsqu'une autre personne a droit à un certain exercice de notre activité en sa faveur. »

désignées à l'avance. Prenez l'hypothèse d'une vente, ou celle d'un louage, ou celle d'un prêt ; partout et toujours vous rencontrerez à la fois la *nécessité* juridique ayant sa base dans une coercition extérieure possible pour en procurer l'exécution, la *relativité* du lien, et la *détermination* des personnes.

53. Le Code civil, dans les art. 1101 à 1108 combinés avec les art. 1370 et suivants, semble reconnaître cinq sources différentes, ou cinq causes génératrices d'obligations civiles :

1" Les contrats ;

2° Les quasi-contrats ;

3° Les délits ;

4° Les quasi-délits ;

5° La loi.

Nous verrons plus tard si cette division n'est pas susceptible de soulever quelques critiques. Je me borne actuellement à vous en signaler l'existence, en vous avertissant que les rédacteurs du Code l'ont trouvée et prise dans Pothier, leur guide le plus habituel. Voici comment Pothier définissait ces différentes causes génératrices des obligations, dans son *Introduction générale aux coutumes*, chap. iv, n° 114 à 117, (Edit. Bugnet, t. i, p. 43) : — On appelle *contrat*, disait l'éminent jurisconsulte, la convention de deux ou de plusieurs personnes, par laquelle l'une et l'autre réciproquement, ou l'une d'elles seulement, s'engage envers l'autre à lui donner quelque chose, ou à faire ou à ne pas faire quelque chose (art. 1101 C. civ.). De là la division des *contrats* en *synallagmatiques*, par lesquels chacune des parties s'engage réciproquement envers l'autre, et d'où naissent, par conséquent, des actions respectives ; tels sont les contrats de vente, de louage, de société, de mandat, etc.; et en contrats *unilatéraux*, par lesquels il n'y a que l'une des parties qui s'engage envers l'autre, (Art. 1102 et 1103 C. civ.); tel est le contrat de prêt d'argent. — On appelle *quasi-contrat*, un fait licite d'où résulte quelque obligation d'une personne envers une autre, sans qu'il soit intervenu aucune convention entre elles, (art. 1371 C. civ.) : telle est la gestion qui se fait des affaires d'un absent sans aucun ordre de sa part; car cette gestion oblige celui qui a géré, à rendre compte, et celui dont les affaires ont été (utilement) gérées, à indemniser celui qui les a gérées de ce qu'il lui en a coûté. — On appelle *délits* et *quasi-délits* les faits illicites qui ont causé quelque tort à quelqu'un, d'où naît l'obligation de le réparer, (art. 1382 et suiv. C. civ.).— Si ce fait procède de malice ou d'une volonté de causer ce tort, c'est un *délit* proprement dit, tel que le vol : s'il ne procède que d'imprudence, c'est un *quasi-délit.* — Il y a aussi des actions personnelles qui naissent de certains engagements que la loi seule forme, et qu'on appelle pour cet effet *condictio ex lege* (art. 1370, C. civ.); telle est l'action du retrait lignager (1); telle est aussi celle qui naît de l'art. 235 de la coutume, relatif à la mitoyenneté (Edit. Bugnet, t. 1, p. 324).— V. sur ce point l'*Introduction au titre* 18. — Il y a même des engagements formés par la seule équité naturelle, d'où naissent des actions. Telle est l'obligation en laquelle sont les enfants de donner des aliments à leurs père et mère indigents. » L'obligation alimentaire est aujourd'hui expressément consacrée par le Code civil dans les articles 203, 205 et suivants.

54. A côté, ou plutôt au-dessous des obligations civiles proprement dites, mais toujours dans la sphère du droit, nous trouvons certaines obligations moins parfaites, désignées habituellement sous le nom de devoirs juridiques naturels ou *obligations naturelles.* Ces obligations se rattachent sans doute au droit général des divers peuples; mais, en fait, le législateur français, en rédigeant les codes modernes, ne les a pas élevées à la hauteur d'une institution sociale et légale proprement dite : aucun texte ne s'y

(1) Le *retrait lignager*, supprimé aujourd'hui, était le droit que la loi municipale accordait aux *parents d'un vendeur* de prendre le marché de l'étranger à qui l'héritage *propre* de leur famille avait été vendu, et de se faire, en conséquence délaisser cet héritage, à la charge d'indemniser l'étranger acquéreur de tout ce qu'il avait déboursé pour l'acquisition. Voyez Pothier, Introduction, au titre 18, *Du retrait lignager*, n° 2, (édition Bugnet, t. 1, p. 559).

rapporte, soit directement, soit indirectement : aucune disposition, soit implicite, soit explicite, ne les prévoit. Ce n'est point à dire que ces obligations doivent être considérées comme proscrites : mais comme elles n'ont pas trouvé place dans nos codes, elles ne peuvent produire que des effets limités et sévèrement circonscrits. Par suite, l'obligation naturelle peut être définie, celle qui, ne se trouvant pas d'ailleurs en opposition avec le droit positif, et faisant partie des biens du créancier, n'est pas toutefois susceptible de produire une action, ni de donner ouverture à la compensation (1). La sanction civile n'existe pas : le créancier ne peut rien exiger par la voie judiciaire. Toutefois, aux termes de l'art. 1235, al. 2, la répétition n'est pas admise à l'égard des obligations naturelles qui ont été volontairement acquittées : ainsi, par exemple, un mineur, un jeune homme de dix-huit ans, a emprunté une somme d'argent, sans l'intervention régulière de son tuteur : il n'est pas *civilement* obligé. Mais pourtant, s'il reconnaît sa dette, une fois devenu majeur, et s'il rembourse son prêteur, il aura fait un acte parfaitement valable et exécuté une véritable obligation. Il y a plus : un paiement partiel, fait par le mineur devenu majeur, purement et simplement et sans aucunes réserves, emportera la plupart du temps reconnaissance définitive de la dette entière. Comparez M. Mourlon, *Répétitions écrites*, t. II, n°ˢ 1308 à 1312, p. 686, et M. Demolombe, *Traité des contrats ou des obligations*, t. IV, n°ˢ 33 à 50, (t. XXVII des *Œuvres complètes*.)

55. Il est généralement facile de reconnaître et de constater l'existence d'un devoir juridique positif, en d'autres termes d'une obligation parfaite ou civile, à cause de la certitude et de la fixité de ses caractères distinctifs. Mais il est souvent fort embarrassant, au contraire, de déterminer

(1) Comparez M. Massol, *Traité de l'obligation naturelle* et de *l'obligation morale*, en droit romain et en droit français, p. 7, n° 2, et p. 217 et suivantes; voyez surtout le chapitre I de la seconde partie, p. 241. Les obligations naturelles peuvent, tout aussi bien que les obligations civiles proprement dites, avoir pour objet tantôt un transfert de propriété, tantôt une prestation quelconque, tantôt un fait, tantôt enfin une abstention.

exactement la ligne de démarcation entre les obligations naturelles (ou devoirs juridiques naturels), et les simples devoirs moraux (ou obligations de conscience). Nous ne
trouvons, en effet, sur ce point, dans nos lois codifiées, aucun criterium législativement fixé. Les rédacteurs du Code
civil se sont contentés de déclarer, dans l'art. 1235, al. 2,
que « la répétition n'est pas admise à l'égard des obligations naturelles qui ont été volontairement acquittées, » et
dans l'art. 2012, al. 2, qu' « on peut cautionner une obligation, encore qu'elle pût être annulée par une exception
purement personnelle à l'obligé ; par exemple, dans le cas
de minorité. » Il est donc incontestable qu'il y a encore, sous
le Code civil des obligations naturelles : mais il n'existe, en
ce qui les concerne, aucune théorie législativement organisée.

M. Demolombe, bien qu'il admette, en pratique, la distinction des obligations naturelles et des obligations de conscience, (t. XXIV et XXVII des *OEuvres complètes* ou *Traité
des obligations*, t. I, n° 7, et t. IV, n°s 34 à 45), semble
même penser que l'abstention des rédacteurs du Code a été
sage et judicieuse au point de vue théorique : « Les faits,
dit l'éminent jurisconsulte, d'où peut résulter l'obligation
naturelle, offrent une si infinie variété, ils peuvent revêtir
tant de nuances diverses, et surtout ils sont subordonnés à
tant d'éléments, si relatifs, si intimes, si personnels, qu'il est
véritablement impossible de la discerner et de la reconnaître ; à
ce point qu'un fait, qui semblerait le même en apparence, peut
engendrer une obligation naturelle pour l'un et n'en point engendrer pour l'autre ; aussi, le législateur a-t-il fait preuve de
beaucoup d'expérience et de sagesse en n'entreprenant pas
de la définir et en laissant entièrement à la conscience individuelle de chacun, sous sa responsabilité morale, le soin
de prononcer ce jugement ! (Comp. Bordeaux, 27 mai 1848,
Chassard, Dev. 1848 - 2 - 604). Or, la thèse ainsi
posée, (et tels en sont, à notre avis, les véritables termes),
ne comporte pas la distinction entre *l'obligation naturelle
et l'obligation morale*, telle du moins que l'on a voulu l'y
introduire d'une façon théorique et absolue ! — Pothier,

(*Obligations*, n° 173) , ne faisait pas non plus cette distinction, lorsqu'il définissait l'obligation naturelle , celle qui , dans le for de l'honneur et de la conscience , oblige celui qui l'a contractée , à l'accomplissement de ce qui y est contenu. » (M. Demolombe, *Donations*, t. III, n° 38.)

Nous reconnaissons volontiers , avec le savant doyen de la Faculté de droit de Caen , que la détermination des caractères véritablement distinctifs de l'obligation naturelle constitue une œuvre périlleuse et difficile : mais nous ne saurions aller jusqu'à la croire impossible même au point de vue législatif et théorique. M. Demolombe , d'ailleurs, l'a parfaitement compris; car il essaie bientôt , lui aussi , (*Donations*, t. III, n° 38, (t. XX des *OEuvres complètes*), voyez aussi le *Traité des contrats et obligations*, t. IV, n°ˢ 33, 34 et suivants, (t. XXVII des *OEuvres complètes*) , de présenter un criterium destiné à faciliter la solution doctrinale de la difficulté : « L'élément, dit-il , qui nous paraît constitutif de l'obligation naturelle, *c'est l'aveu de l'obligé*, c'est la reconnaissance par lui faite volontairement qu'il se considère comme tenu, en conscience, d'une dette naturelle envers une personne déterminée. »

Tel ne serait pourtant pas notre avis : l'aveu de la partie (1) peut bien devenir, sans doute , ou fournir *la*

---

(1) L'aveu de la partie peut être d'une grande importance dans certains cas, notamment au point de vue de l'application de l'art. 1235 al. 2 : « La répétition, dit ce texte , n'est pas admise à l'égard des obligations naturelles qui ont été *volontairement* acquittées » On a demandé ce qu'il fallait entendre par ce mot *volontairement*. Suffit-il que l'exécution de l'obligation naturelle ait eu lieu *librement* de la part du débiteur, c'est-à-dire en l'absence de dol, de surprise ou de violence? Ou bien faut-il que le débiteur ait acquitté l'obligation naturelle *en connaissance de cause*, en sachant parfaitement qu'il ne pouvait pas être contraint à payer? — Ainsi, par exemple , Pierre , héritier de Raymond , trouve dans la succession de celui-ci, une dette qu'il croit civilement obligatoire, (bien qu'elle soit, en réalité, une dette purement naturelle), et il la paie spontanément, sans que le créancier ait employé, à son égard, aucune manœuvre dolosive, ni usé de violence : Pierre a-t-il payé *volontairement* dans le sens de l'art. 1235, al. 2? Des jurisconsultes fort autorisés ont soutenu que le vœu de la loi se trouvait rempli par la spontanéité du paiement opéré en dehors de toute obsession et de toute intimidation. Cette doctrine invoque d'abord les termes tout à fait généraux de l'art. 1235 : d'ailleurs, ajoute-t-on, le débiteur ne saurait être admis à venir alléguer qu'il

preuve de l'existence d'une obligation naturelle : ce sera, si l'on veut, la meilleure et la plus complète des démonstrations ; mais c'est aller trop loin que de présenter l'aveu comme un *élément constitutif* : la création des obligations naturelles ne peut pas, en effet, dépendre du caprice de l'homme ; cela est si vrai que plusieurs de ses conséquences peuvent se produire, malgré l'abstention du débiteur et même nonobstant sa volonté contraire formellement

a été honnête sans le savoir, et à soutenir que s'il eût connu le véritable caractère de l'obligation, il se serait bien gardé d'obéir à l'inspiration de sa conscience.

Tel ne serait pourtant pas notre avis : nous pensons que, pour pouvoir écarter la répétition par application de l'art. 1235, al. 2, il faut que le paiement de la dette naturelle ait été fait *en connaissance de cause* et que le débiteur ait parfaitement su, en la soldant, qu'il ne pouvait pas être contraint à payer. Il faut, en un mot, que l'exécution ait eu lieu dans des termes tels qu'elle constitue nécessairement de la part du débiteur l'aveu de la validité de la dette. M. Bigot-Préameneu l'a formellement déclaré devant le Corps Législatif, (voyez *Fenet*, t. xiii, p. 264) : « L'obligation naturelle ne devient un lien civil que par une induction tirée du paiement.... Le paiement est une renonciation de fait aux exceptions sans lesquelles l'action eût été admise ; renonciation que la bonne foi seule et le cri de la conscience sont présumés avoir provoquée ; renonciation qui forme un lien civil que le débiteur ne doit plus être le maître de rompre. » Ces observations de l'orateur du gouvernement sont en harmonie parfaite avec les termes de l'art. 1235, al. 2 ; ce texte exige que la dette naturelle ait été *volontairement* acquittée, ce qui suppose chez le débiteur l'intelligence et la liberté, partant le paiement effectué en connaissance de cause. On voit donc comment l'aveu du débiteur, qui reconnaît énergiquement en l'exécutant, l'existence et la valeur d'une dette purement naturelle dans son principe, peut emporter la ratification définitive de la loi. Le législateur était arrêté par la difficulté pratique de l'appréciation : il n'a point voulu poser de *criterium* absolu, laissant à la doctrine et à la jurisprudence le soin de le chercher : mais *l'obligation naturelle une fois reconnue et constatée*, si l'aveu éclairé du débiteur vient la confirmer, les rédacteurs du *Code Napoléon*, reconnaissent désormais l'obligation, et maintiennent l'exécution qui est intervenue. (*Voyez* art. 1338 et 2056. — Comparez Mourlon, *Répétitions écrites*, t. ii, p. 673 et n° 1311 ; — Marcadé, sur l'art. 1235, t. iv, p. 533, § 671). L'art. 1967, en ce qui concerne les dettes résultant du jeu et du pari, écarte également la répétition en exigeant une double condition, d'une part que le paiement ou l'acte équivalent au paiement ait été accompli volontairement par le perdant, et d'autre part que le jeu ou le pari ait été tenu par le gagnant avec fidélité et loyauté. (Comparez M. Pont, *Petits contrats*, t. i, art. 1967, n° 4. § 639 ; — M. Demolombe, t. xxvii des *Œuvres complètes*, ou *Traité des obligations*, t. iv, n°ˢ 45 et 46 à 50 ; — Limoges, 12 décembre 1868, (Dev. 1869 - 2 - 104) ; Cassation, 30 décembre 1862, (Dev. 1863 - 1 - 257 à 260).

exprimée : c'est ainsi que le créancier d'une obligation simplement *naturelle* peut, en dehors de l'assentiment du débiteur, obtenir d'un tiers, son intercession à titre de caution personnelle ou se faire consentir également, par un tiers, une hypothèque à titre de sûreté réelle.

56.   Il appartient aux juristes et aux juges de découvrir les règles encore existantes de droit naturel et de les appliquer. A côté, en effet, des principes formellement ou implicitement consacrés par nos codes, il y a des devoirs généralement acceptés par le droit des peuples civilisés, mais que le législateur français a laissés dans l'ombre, dont il ne s'est occupé, ni directement, ni indirectement. C'est par exemple, une obligation naturelle, et non pas seulement un devoir de conscience, que l'obligation qui pèse sur le failli concordataire, (art. 507 et suiv. Cod. com.), de désintéresser intégralement ses créanciers, malgré la remise qu'il a obtenue. « Cette remise, en effet, dit avec raison M. Demolombe (t. xxvii des *OEuvres complètes*, ou t. iv du *Traité des contrats et obligations*, n° 40), par laquelle les créanciers ont renoncé à leur droit de poursuite, ils ne l'ont pas faite *animo donandi*, mais seulement sous l'empire de la nécessité. — Mais ils n'ont pas reçu tout ce qui leur était dû ; et si l'obligation civile est néanmoins éteinte pour le tout, l'obligation naturelle subsiste pour la partie de la dette, qui n'a pas été acquittée. » *En ce sens*, voyez Bordeaux, 14 janvier 1869, (Salaire C. Wingfield), Dev. 1869-2-164, avec la note ; aj. Rennes 8 janvier 1872, (Cordier), Dev. 1872-2-94 et la note.

57.   Toutefois, Messieurs, tenez pour certain que les tribunaux et les jurisconsultes, interprètes des lois existantes, ne doivent jamais reconnaître comme *obligations véritablement naturelles* des devoirs qui seraient, par hypothèse, en opposition flagrante avec nos lois codifiées : je ne crois pas qu'il puisse y avoir aujourd'hui des obligations naturelles, existant comme telles, bien que *jure civili reprobatæ*. Vous ne devez pas, par exemple, admettre comme portant le caractère d'obligations naturelles les dettes de jeu ou les dettes résultant d'un pari, en présence des termes exclusifs

de l'art. 1965. La législation française et la législation
romaine, dit fort judicieusement M. Massol, dans son *Traité
de l'obligation naturelle*, (seconde partie, chap. IV, section
14, n° 1, pag. 302), « s'entendent pour dénier aux dettes
de jeu le caractère d'obligation naturelle : voyez l'art. 138
de l'ordonnance du mois de janvier 1629. Il est vrai que
lorsque le paiement s'en est suivi, la loi française (art. 1967
Cod. civ.) n'accorde pas la répétition : mais cela ne prouve
pas qu'à ses yeux la dette de jeu soit naturelle ; car l'obligation naturelle ne peut pas avoir son principe dans une
convention compromettante pour la société : or, comme le
faisait remarquer M. Portalis, dans son *exposé des motifs*
devant le Conseil d'Etat (Fenet. t. XIV, pag. 539), à la
différence des autres contrats qui rapprochent les hommes,
celui de jeu les éloigne, il brise le lien social. Dès lors, il
ne faut point s'étonner que les torts étant réciproques, on
applique la règle : « *in pari (aut in turpi) causâ, melior est
causa possidentis.* » Comparez M. Demolombe, obligations
t. IV, n°ˢ 44 et 45, (t. 27 des *OEuvres complètes*). Nous
retrouverons, du reste, plus tard cette théorie, et nous l'étudierons alors avec plus de détails. Je me borne actuellement,
Messieurs, à vous faire observer que si l'on n'accepte pas
la doctrine que je viens de vous proposer, l'on arrive
fatalement, dans la pratique, à l'arbitraire le plus dangereux ; s'il appartient aux juges de consacrer discrétion-
nairement des obligations ou des règles de droit naturel,
même en contradiction avec les dispositions formelles de
nos Codes, voilà l'antagonisme entre les lois civiles et les
lois naturelles qui va renaître, voilà l'unité de législation
rompue, voilà partout le doute et l'incertitude : et cependant la formule législative et la codification avaient précisément pour but d'éviter tous ces inconvénients, dont la
longue expérience du passé avait démontré toute la gravité !

Oh! sans doute, il pourra arriver, (bien rarement toutefois), que la *conscience* du juge se révolte : il n'est pas sans
exemple, surtout à l'époque des grands cataclysmes sociaux,
que des lois aient été promulguées en opposition avec les

principes de la morale : je vous rappelle, entre autres, la célèbre loi du 17 nivôse an II sur les successions, et les dispositions édictées encore durant la première révolution française, par la Convention nationale (1), pour frapper les émigrés de la peine du bannissement à perpétuité, en ordonnant la confiscation et la vente de leurs biens, en outre des condamnations à mort décrétées contre ceux des émigrés qui voudraient rentrer en France ; vous connaissez encore l'histoire de l'installation du tribunal révolutionnaire, la loi contre les prétendus accapareurs, les emprunts forcés, la loi des suspects, enfin tout cet ensemble de règles législatives contemporaines de la terreur. Certes, pendant leur durée éphémère, ces décrets, contempteurs de la *morale*, violaient également les principes du *droit naturel*. Pourtant les tribunaux avaient le devoir *social* de les appliquer, tout en pouvant en réclamer l'abrogation. Le jour où les tribunaux, à l'occasion de chaque procès, s'arrogeraient le pouvoir de juger la loi et d'en refuser, à leur gré, l'application, la loi cesserait d'être ce qu'elle doit être, une règle obligatoire pour la société toute entière : c'est au législateur qu'il appartient de veiller à ce que les lois, par lui édictées, soient en harmonie avec la justice éternelle. Ce sont là seulement les lois qui durent, et qui fondent la puissance d'un pays.

En dernière analyse, il peut éventuellement arriver qu'un principe de morale persiste, malgré une loi positive contraire, et à côté d'un Code violateur de la loi morale sur un point déterminé : le domaine du for intérieur est, en effet, souverainement libre : l'homme, sur ce terrain, quelle que soit sa fonction sociale, ne relève que de sa conscience et de Dieu : *il n'y a pas de droit contre le devoir.*

Mais je n'admets pas qu'une règle de *droit naturel* puisse rester debout, en face d'un texte du droit positif consacrant une solution contraire : les tribunaux alors sont, au point de vue de l'application pratique, liés par la loi

(1) Comparez M. Eschbach, *Introduction générale à l'étude du droit,* p. 398, n° 193, et M. Minier, *Précis historique du droit français,* p. 733 à 737.

positive, quelque mauvaise qu'il vous plaise d'ailleurs de la supposer : nous sommes ici dans le for extérieur, où prédomine la souveraineté du législateur humain. La morale est supérieure au droit, parce qu'elle est autre chose, et qu'elle appartient à une sphère plus élevée : mais le droit naturel n'a d'autre valeur que celle d'être un type directeur au point de vue législatif, et dès lors son autorité doit disparaître devant celle du droit positif, qui forme désormais, dans la sphère de la pratique qui leur est commune, la loi vraiment vivante et obligatoire.

Ces affirmations ne présentent pas, du reste, de grands dangers dans l'application : car, une législation tout à fait arbitraire, qui ne répondrait pas d'une manière plus ou moins adéquate aux idées morales du temps et du pays, au *desideratum* du droit naturel, aux besoins légitimes de ceux pour qui elle est faite, serait condamnée, dès sa naissance, à une mort prochaine.

58. Puisque nous ne rencontrons pas, ainsi que je viens de le dire, dans le Code civil, une théorie législativement organisée de l'obligation naturelle, c'est à la doctrine qu'il incombe de rechercher le *criterium* à adopter pour déterminer le point de savoir si telle ou telle obligation relève du droit naturel et du for intérieur, ou si elle relève de la conscience pure et du for extérieur, alors que d'ailleurs cette obligation n'a été prévue par aucun texte des lois positives, et qu'elle n'est repoussée, d'un autre côté, par aucune loi promulguée. Or, la solution de cette difficulté est d'autant plus embarrassante que nous rencontrons, tout d'abord, entre l'obligation naturelle et l'obligation morale ou devoir de conscience, une triple ressemblance impossible à méconnaître :

1° L'une et l'autre sont *privées* ou dépourvues d'*action*. Dans l'ordre moral, le pauvre ne peut pas exiger en justice l'accomplissement du devoir de charité ou d'aumône, pas plus que le bienfaiteur ne peut exiger l'accomplissement du devoir de reconnaissance. Dans l'ordre des obligations naturelles, le créancier qui a prêté, par exemple, de l'argent à un incapable, ne peut pas non plus l'assigner, avec chance de succès, en remboursement devant les tribunaux, de même que le failli concordataire ne peut pas être judiciairement contraint de désintéresser *intégralement* les créanciers qui lui ont consenti une remise partielle ;

2° L'une et l'autre peuvent servir de *point de départ* à la formation d'un *engagement civil* valable. L'incapable tenu à titre simplement naturel, peut, une fois devenu majeur, contracter un engagement nouveau, par exemple souscrire à son créancier un billet ou un acte de reconnaissance, ayant pour objet de valider la dette jusque-là inexigible. De même, l'engagement pris par un failli envers l'un de ses créanciers, après un concordat, de payer à ce créancier l'intégralité de sa créance, dès que ses ressources le lui permettraient, est licite et valable, comme découlant d'une obligation naturelle. En ce sens, voyez Rennes, 8 janvier 1872 (Cordier), Dev. 1872, 2, 91 ; comparez art. 597, 604, Cod. com. et 1133 Cod. civ. Si nous pénétrons dans le domaine des obligations morales, nous rencontrons aussitôt des règles identiques : prenez, par exemple, le devoir d'aumône ou de bienfaisance : tous les jours, des personnes riches créent des rentes au profit des hospices, des fabriques, des bureaux de bienfaisance, etc. Prenez le devoir de reconnaissance : ce devoir est fréquemment le point de départ de la création de rentes alimentaires, par analogie des art. 203 et 205 Cod. civ.; aj. les art. 581 et 582 Cod. proc. civ.

3° L'une et l'autre, lorsque l'*exécution* en a été *volontairement* réalisée, n'admettent *pas* la *répétition de l'indû*, dans les termes des art. 1376 et suiv. : l'art. 1235, al. 2, est formel, en ce qui touche l'obligation naturelle : « La répétition n'est pas admise, dit ce texte, à l'égard des obligations naturelles qui ont été volontairement acquittées : les art. 1965 et 1967 appliquent les mêmes principes en matière d'obligations simplement morales ou devoirs de conscience. L'art. 1965 commence par déclarer que (1) la loi n'ac-

(1) Voyez aussi l'art. 204 du Code civil, lequel refuse formellement à

corde aucune action pour une dette de jeu ou pour le paiement d'un pari : « Que font, a dit avec raison M. Portalis, deux joueurs qui traitent ensemble ? Ils se promettent respectivement une somme déterminée dont ils laissent la disposition à l'aveugle arbitrage du hasard. Où est donc la cause de l'engagement ? On n'en voit aucune.... A la différence des contrats ordinaires qui rapprochent les hommes, les promesses contractées au jeu les divisent et les isolent. » (Fenet, t. xiv, p. 539.) Les dettes résultant du jeu et du pari n'ont donc pas le caractère de l'obligation naturelle : l'art. 138 de l'ordonnance du mois de janvier 1629 le décidait déjà ainsi dans notre ancien droit, en proclamant, « toutes dettes contractées pour jeu, nulles, et toutes obligations et promesses faites pour le jeu, quelque déguisées qu'elles soient, nulles et de nul effet, et *déchargées de toutes obligations* civiles et *naturelles.* » Veuillez remarquer, Messieurs, que cette ordonnance annule même l'obligation naturelle : c'est à peu près le seul exemple que je connaisse, d'un cas où le législateur se soit prononcé en termes formels, pour annihiler l'obligation naturelle. (*Recueil d'édits et ordonnances*, t. i, p. 180.) Néanmoins l'art. 1967 du Code civil ajoute : « Dans aucun cas, *le perdant ne peut répéter ce qu'il a volontairement payé*, à moins qu'il n'y ait eu, de la part du gagnant, dol, supercherie ou escroquerie. » Le motif ici, c'est que, les torts étant réciproques, celui qui possède doit être préféré par application de la règle, *in pari (vel in turpi) causâ, melior est conditio possidentis.* Il faut écarter soigneusement toute idée d'obligation naturelle ; car la dette résultant soit du pari, soit du jeu, est expressément réprouvée par le droit civil, sa naissance étant considérée comme susceptible de compromettre l'ordre social : ce que l'on peut admettre seulement, c'est qu'un devoir de conscience ait pu surgir à raison de la loyauté des parties : la maxime, *dettes de jeu, dettes d'honneur*, peut être acceptée dans le langage des gens du monde

l'enfant toute action, contre ses père et mère, pour un établissement par mariage ou autrement.

et au point de vue du for intérieur, mais jamais dans le droit. La prohibition juridique a, du reste, existé dès la plus haute antiquité : déjà sous l'empire de la jurisprudence romaine, un sénatusconsulte, mentionné au *Digeste*, (Lib. xi, tit. v *de aleatoribus*, l. 2, § 1), avait défendu de jouer et de parier de l'argent, sauf dans les courses à pied, dans les luttes et dans les autres jeux de même nature, qui tiennent à l'exercice du corps.

59. Jusqu'ici l'obligation naturelle (ou devoir juridique naturel), et l'obligation de conscience (ou devoir purement moral) semblent se confondre et produire des effets identiques (1) ; mais nous allons signaler maintenant quatre différences caractéristiques, dont la dernière seulement nous paraît susceptible d'une controverse sérieuse :

1° En premier lieu, l'obligation *naturelle* constitue un lien de droit, moins énergique sans doute que celui qui résulte de l'obligation civile, mais nettement accusé néanmoins ; on y trouve les trois termes ordinaires, un débiteur, un créancier, et une chose déterminée comme objet de la dette. L'obligation *morale*, au contraire, est essentiellement impersonnelle ; le montant de la dette qui découle du devoir de conscience est indéterminé : nous rencontrons un débiteur, mais pas de créancier certain ; car, dans la sphère du droit positif, tous ces devoirs dont la source peut être la piété, la reconnaissance, l'affection, la parenté ou l'honneur, ne constituent point un lien juridique. L'homme riche, par exemple, qui néglige de faire l'aumône de son superflu, commet sans doute, au point de vue du for intérieur, une faute grave ; mais, en se plaçant sur le terrain

(1) Voyez toutefois ce que nous avons dit *suprà* n° 57, pour le cas où une loi positive, régulièrement promulguée, se trouverait, par hypothèse, en contradiction, soit avec les principes de la morale, soit avec quelqu'une des règles du droit naturel. Nous avons admis alors la prédominance nécessaire de la morale, souveraine absolue dans son domaine exclusif, le for intérieur. Nous avons pensé, au contraire, que le droit naturel s'effacerait, momentanément au moins, devant la loi promulguée, qui seule, tant qu'elle n'est pas abrogée, doit rester maîtresse dans le domaine du for extérieur. Nous ne comprendrions pas un tribunal basant une décision sur une règle de droit naturel formellement contredite par un texte de nos Codes.

légal, on ne peut pas dire qu'il viole une obligation. Le montant de l'aumône est, d'autre part, essentiellement variable : le devoir ici augmente ou diminue suivant la position de fortune de l'obligé et suivant la misère des temps. L'obligation simplement morale présente donc, dans sa nature, l'indétermination la plus complète, soit quant à la valeur de la chose due, soit quant à la personne du débiteur. La généralité même du devoir fait qu'il n'y a pas, à proprement parler, de créancier : aux yeux de la *loi*, il n'y a rien, c'est le néant. Ce qui est vrai seulement, c'est qu'un simple devoir de conscience peut devenir dans la pratique, l'occasion ou le prétexte d'un engagement civil régulier et valable : voyez *suprà* n° 58. — Tous les jours, en effet, des personnes riches créent des rentes au profit des hospices, des fabriques, des bureaux de bienfaisance et autres établissements pieux : mais on ne peut pas dire qu'il y ait, dans ce fait, confirmation, ratification ou novation d'une dette de conscience : il y a la création d'un engagement nouveau ; une dette *civile* est imposée à un individu qui, auparavant, ne pouvait être soumis à aucune réclamation *légale ;* aussi est-ce à ce moment précis qu'il faudra se placer pour apprécier la nature et les conséquences du contrat. Quant à l'obligation morale antérieure, quelque respectable qu'elle puisse être, elle est toujours nulle et non avenue pour les tribunaux : car le juge est appelé à statuer sur les faits du for extérieur ; tout ce qui ressort directement du for intérieur échappe à sa juridiction et ne peut point rentrer dans sa compétence : il est l'organe de la loi sociale ; cette loi, obligatoire pour tous les citoyens, quelles que soient d'ailleurs les convictions particulières de chacun d'eux, ne doit pas, sous peine d'aboutir à l'intolérance la plus tyrannique, descendre dans la conscience pour faire respecter les obligations découlant de la morale pure ;

2° En second lieu, considérée dans ses effets (1), l'obliga-

---

(1) L'obligation naturelle, (d'après ce que nous avons dit plus haut), produit, en dernière analyse, tous les effets habituellement attachés à l'obligation civile, sauf qu'elle n'est pas susceptible d'engendrer une action en justice, ni de per-

tion *naturelle* fait incontestablement partie des biens du créancier, elle constitue un droit en sa faveur, et dès lors

mettre la compensation : car la compensation n'est point, en réalité, autre chose qu'un paiement double et forcé, (art. 1290). On a demandé, toutefois, si le créancier, dont le titre est fondé sur une obligation naturelle, ne pourrait pas du moins, user du *droit de rétention* (art. 548, 1948, etc.), comme moyen coercitif à l'effet d'amener le débiteur à payer? — M. Massol (*Traité des obligations naturelles*, p. 62, 247 et 248), admet l'affirmative : l'éminent professeur fait remarquer que ce droit est fondé principalement sur l'équité : « Il repose sur ce double principe : — Celui qui est créancier et qui doit à son tour prester une chose, n'est pas tenu de s'en dessaisir jusqu'à ce qu'il soit désintéressé, parce qu'une fois dénanti, il lui serait plus difficile de se faire payer; — ce créancier, en faisant des avances, était fondé à croire qu'il lui serait permis de retenir la chose, lorsque c'est à cause d'elle ou à son occasion que la dette dont il réclame le montant a pris naissance.... Dès lors, celui qui a fait des avances à l'occasion d'une affaire intéressant un tiers qui ne peut s'obliger que naturellement, est fondé à retenir ce qu'il perçoit, pour s'indemniser de ses déboursés. La bonne foi serait blessée si l'obligé naturellement, exigeant l'exécution entière du contrat en sa faveur, ne remplissait pas les engagements qui lui incombent. En droit romain, comme en droit français, l'obligation naturelle est dépourvue d'action : en rejetant la compensation *ex eâdem causâ*, l'on arriverait à ce résultat, que l'un n'aurait pas le moyen de répéter les dépenses qu'il aurait faites, et que l'autre profiterait de l'affaire sans en supporter les charges. » On pourrait encore ajouter, avec la jurisprudence, à l'appui de l'opinion de M. Massol, que le droit de rétention n'est point un droit particulier, mais bien plutôt une conséquence nécessaire du principe général posé, en matière de contrats synallagmatiques, par l'art. 1184 : toutes les fois que deux personnes sont liées l'une envers l'autre par des obligations réciproques, l'exécution de la convention ne peut être exigée par l'une des parties ou par ses créanciers et ayants-cause, qu'autant que cette partie se déclare prête de son côté, à satisfaire à ses engagements : car les deux obligations, étant corrélatives, ont leur cause et leur origine dans une même convention essentiellement indivisible au respect des contractants. — Tel ne serait pourtant pas notre avis : nous pensons, au contraire, que le créancier, en vertu d'une obligation purement naturelle, *ne doit pas être admis à se prévaloir du droit de rétention :* ce serait l'investir indirectement d'une sorte de droit d'action que la loi lui refuse; ce serait lui reconnaître, à l'effet d'obtenir son paiement, un moyen coercitif qui répugne à la nature même de sa créance. Comment pourrait-on soutenir, par exemple, que le créancier d'une simple obligation *naturelle* sur Pierre, qui se trouverait, en même temps, débiteur vis-à-vis de Pierre *civilement*, pût refuser d'exécuter l'obligation civile, tant que Pierre, de son côté, n'aurait pas réalisé l'engagement naturel? Est-ce qu'un pareil résultat ne constituerait pas le renversement de tous les principes, soit qu'il s'agit de deux créances distinctes dans leur origine, soit même qu'il s'agit de deux créances connexes et respectivement nées à l'occasion d'une même chose? Sans doute, celui qui a vendu un objet à un incapable peut refuser de le livrer : mais c'est qu'ici les choses sont encore entières, et la loi ne saurait favoriser le projet *dolosif* de l'incapable qui, *rebus adhùc integris*, cherche à se faire remettre l'exécution qui pourra intervenir devra être considérée comme un paiement véritable ; car la cause de l'abandon se trouvera dans une dette antérieure et préexistante. Au contraire, le devoir de conscience ne fait pas partie des biens du créancier ; son accomplissement constitue une véritable libéralité de la part de celui qui s'y soumet ; de là il résulte que cet acte, analogue à la donation, sera *révocable* pour cause d'ingratitude ou de survenance d'enfants (art. 955 et 960), *réductible* si la réserve est entamée (art. 913 et 920), *rapportable* si le bénéficiaire est appelé à la succession de celui qui a rempli l'obligation morale, (art. 843 Code civ.), etc., etc.

3° En troisième lieu, les effets que peut produire *l'obligation naturelle* se réalisent au gré du créancier, *en dehors de l'assentiment du débiteur*, et même malgré sa volonté contraire formellement exprimée. C'est ainsi qu'une créance naturelle peut être valablement l'objet d'une cession ou d'un legs ; c'est ainsi qu'elle comporte le gage, l'hypothèque, la solidarité ; que surtout, aux termes de l'art. 2012, elle peut donner ouverture à un cautionnement ; dans ces dernières hypothèses, elle sert de point

un objet, qu'il compte bien ensuite se dispenser de payer. Nous considérons, d'ailleurs, au point de vue général, le droit de rétention comme un droit réel, accessoire, indivisible, d'une nature spéciale et *exceptionnelle*, non susceptible, par conséquent, d'extension par voie d'analogie. Ses effets présentent une identité manifeste avec les avantages que procurent les causes légitimes de préférence énumérées dans l'art. 2094 : car ce droit consiste dans la faculté conférée au créancier de ne pas se dessaisir de la chose de son débiteur, tant qu'il n'est pas payé de sa créance *avant tous autres*, contrairement à la règle ordinaire de l'art. 2093. Les lois codifiées ont, à nos yeux, établi *limitativement* le principe de la rétention dans les art. 545, 867, 1612, 1613, 1673, 1749, 1948, 2082, 2087 et 2280 du Code civil, — dans les art. 306 et 577 du Code de commerce, — et dans l'art. 3 de la loi du 3 mai 1841. — Il serait, d'ailleurs, trop dangereux, au point de vue pratique, de laisser à la conscience du juge le pouvoir de créer arbitrairement un droit réel, une sorte de cause de préférence en faveur d'un créancier ou contre lui. (Comp. Mourlon, *Traité des priviléges*, 2e partie, nos 230 et suiv.; — M. Pont, *Petits contrats*, t. ii, p. 713, no 1298). Tous ces motifs nous portent à penser que l'exercice du droit de rétention, moyen indirect d'arriver à obtenir paiement, doit être refusé au titulaire d'une obligation simplement naturelle, au même titre que l'application de la compensation. (Voir M. Dalloz, *Répert.* vo *Obligations* nos 1048-1071.)

d'appui à un droit civil accessoire, qui alors, forme la garantie pratique du créancier. Le débiteur n'aurait pas qualité pour empêcher ce créancier de passer notamment les divers actes que nous venons d'énoncer.

L'obligation de conscience pure, au contraire, n'opère jamais malgré la volonté de l'obligé : il faut que celui-ci la reconnaisse spontanément, en accepte le fardeau, et l'accomplisse en toute liberté en obéissant aux inspirations de son cœur. L'obligation morale ne produit donc, en dernière analyse, et cela à la différence de l'obligation naturelle, que des effets *volontaires* de la part de l'obligé : de plus, ces effets sont extrêmement limités : ils se bornent aux deux suivants : 1° le devoir de conscience peut servir de cause à la création d'une obligation civile ; 2° la répétition de ce qui a été payé pour l'acquit d'une dette purement morale (1) n'est point autorisé : voyez *suprà*, n° 58. Mais

(1) C'est ainsi que l'art. 204 du Code civil pose, en règle générale, que l'enfant n'a pas d'action contre ses père et mère pour l'établissement par mariage ou autrement : voilà une obligation très-clairement repoussée par le Code, — *jure civili reprobata*. Mais le père et la mère, qui auraient une fois constitué une dot à leur enfant, ne seraient pas recevables à en réclamer la restitution : il y avait, en effet, de leur part, sinon une dette naturelle, au moins une dette morale ou de convenance, et il convient d'appliquer la maxime *in pari causâ, melior est conditio possidentis : arg. à fortiori* de l'art. 1967. Telle est l'explication, seule exacte, à notre avis. Toutefois, des auteurs considérables, (voyez notamment M. Demolombe, t. iv, n° 10 et suivants, ou t. ii du *Traité du mariage*), décident que si, au point de vue du droit civil, l'enfant n'a pas d'action contre ses père et mère pour un établissement par mariage ou autrement, il y a du moins là, pour les parents, une véritable obligation naturelle : « Cette *obligation naturelle* (de doter ses enfants) est presque toujours convenablement remplie, » dit l'éminent doyen de la Faculté de droit de Caen. Nous ne saurions partager cette manière d'apprécier la situation faite par le Code civil aux père et mère. Est-ce que le droit d'obtenir une dot peut être considéré comme faisant partie du patrimoine de l'enfant, en sorte que des sûretés accessoires, cautionnements, hypothèques, etc., puissent être constitués à l'effet de garantir celui-ci contre l'abstention éventuelle de ses parents ? Personne n'a osé aller jusque-là. Nous sommes donc autorisés à conclure que l'obligation de doter n'est, soit par rapport au père, soit par rapport à la mère, qu'une obligation purement morale ou de convenance. Est-ce que l'enfant pourrait diriger une action contre ses parents à l'effet de leur faire reconnaître son droit *naturel* à la constitution de dot et à l'effet d'en empêcher la prescription ? Evidemment non. L'on aperçoit dès lors que tous les signes distinctifs de l'obligation naturelle manquent ici. Bien entendu, seulement, la

une semblable obligation n'aurait pas assez de consistance pour supporter le cautionnement, le gage, l'hypothèque, la solidarité ; elle ne pourrait pas être l'objet d'une cession ou d'un legs ; elle ne saurait être ni novée, ni ratifiée, en prenant ces expressions dans leur sens technique. Concevrait-on, en effet, un tiers venant cautionner à un pauvre mon obligation générale de faire l'aumône. Me concevrait-on moi-même léguant ou transportant sur la tête d'une tierce personne le devoir de conscience qui m'astreint à la charité envers mes semblables ? Tous ces agissements juridiques supposent évidemment une obligation préexistante : or, ici, aux yeux de la loi, il n'y a rien, c'est le néant : car la loi sociale ne peut pas descendre dans le domaine de la conscience pour faire respecter les obligations découlant de la morale pure : elle doit garder une sage neutralité, en laissant à chaque citoyen la responsabilité de ses croyances et l'appréciation de l'étendue de ses devoirs.

4° En quatrième lieu, l'obligation naturelle nous paraît, (sauf controverse), susceptible d'être éteinte au même titre que l'obligation civile, par la prescription accomplie et invoquée. — L'obligation simplement morale (ou devoir de

dot une fois livrée ne pourrait jamais être répétée par le constituant : car la livraison aurait eu une cause juridique. — Nous nous bornons à ces développements sommaires. Car nous ne pouvons pas actuellement songer à examiner en détail, quels sont les divers cas dans lesquels se produit l'obligation naturelle, ni quelles peuvent être ses causes générales d'extinction. On peut consulter, sur ces difficultés intéressantes, le *Traité des obligations naturelles,* en droit romain, par M. Machelard, — M. Mayoz, *Éléments de droit romain,* t. II, § 277, p. 90, — et le *Traité de l'obligation naturelle* et de l'*obligation morale,* en droit romain et en droit français, par M. Massol, — voyez, en particulier, sur la novation, quant à l'obligation naturelle, les explications que donne M. Massol, p. 245 et 270; — ajoutez encore, sur les effets de la chose jugée, M. Massol, p. 105 à 112 et M. Machelard, p. 405 et suivantes, pour les éléments de la discussion en droit romain. Nous inclinons, pour notre part, à voir, dans l'autorité de la chose jugée, un obstacle insurmontable à la survie possible de l'obligation naturelle : car les art 1351 et 1352 combinés proscrivent de la manière la plus évidente, tout effet et toute preuve tendant à porter atteinte à la chose jugée, soit d'une manière directe, soit d'une manière indirecte. Le droit naturel lui-même exige que, dans chaque pays, les arrêts de la justice soient accueillis avec respect et obtiennent une force complète et sans aucunes réserves.

conscience) n'est point, au contraire, de l'aveu de tout le monde, soumise à ce mode d'extinction.

Nous posons donc, en principe, que, sous l'empire du Code civil, la prescription extinctive ou libératoire, lorsqu'une fois elle est consommée, (art. 2223), par l'invocation de l'ayant-droit, anéantit, en même temps l'obligation naturelle et l'obligation civile, sauf (ce qui est une toute autre question) à laisser subsister dans certains cas, au point de vue du for intérieur, une dette de conscience ou une simple obligation morale. Toutefois, cette doctrine a été vivement contestée par plusieurs auteurs, et en particulier par M. Le Roux de Bretagne, dans son *Nouveau traité de la Prescription* en matière civile. Le savant magistrat, (voyez t. I, n° 12, page 13), affirme « qu'en plaçant la prescription parmi les modes d'extinction des obligations, l'art. 1234 n'a eu en vue que l'obligation *civile*. »

Mais cette assertion nous paraît contredite à l'avance dans notre ancien droit, par des auteurs considérables. Nous voyons, en effet, Cujas, sur les questions de Papinien, lib. 18, L. 95, paragraphe *Naturalis*, ff., *de solutionibus*, et d'Argentrée, sur l'art. 273 de la coutume de Bretagne, décider que la prescription éteint l'obligation naturelle avec l'obligation civile, en procurant à celui qu'elle protège une sécurité complète, *plenissimam securitatem*. Dunod lui-même, (*Traité des prescriptions*, part. I, chap XIV, p. 108), s'exprime ainsi qu'il suit: « La loi civile a voulu que le débiteur fût entièrement à couvert après trente années; et il ne le serait pas s'il était encore obligé naturellement. La loi civile peut éteindre l'obligation naturelle comme elle peut l'empêcher de naître, et elle l'éteint par tout ce qui, suivant les maximes du droit, tient lieu du paiement... Le consentement qui forme l'obligation naturelle, est effacé, suivant le droit naturel même, par un consentement contraire dans la prescription, parce que celui qui demeure longtemps sans demander ce qui lui est dû, le remet ou l'abandonne: la loi le présume de la sorte, et elle a raison de le présumer. » De même en ce qui concerne la prescription acquisitive, l'excellent auteur décide qu'elle donne la propriété pleine et entière, « l'action et l'exception, la revendication même contre l'ancien maître, s'il était rentré en possession de la chose prescrite. »

Telle doit être, à plus forte raison, notre solution sous l'empire du Code civil ; car les articles 712, 1234 et 2219 déclarent formellement que la prescription est un *moyen d'acquérir ou de se libérer*, aussi énergique que tous les autres modes reconnus. M. Le Roux de Bretagne lui-même le fait pressentir à la page 9 de son traité, lorsqu'il dit : « Il est certain qu'à la différence de la présomption qui n'acquiert rien et qui ne sert qu'à prouver ce qui est acquis, la prescription a une vertu qui lui est propre ; elle éteint les droits et en crée de nouveaux. Considérée comme extinctive, elle procure au défendeur une fin de non-recevoir contre la demande. Considérée comme acquisitive, elle confère la propriété pleine et entière, et donne non-seulement l'exception pour repousser l'action des tiers, mais encore le droit de revendiquer l'immeuble prescrit contre tout détenteur, même contre l'ancien maître, si, par quelque conjoncture, il en avait recouvré la possession. »

Quel est d'ailleurs le but de la prescription ? quelle est sa nature intime ? La prescription n'est pas seulement, ni même principalement, une peine infligée par la loi au créancier ou au propriétaire négligent : c'est d'abord et avant tout, une institution d'intérêt social, destinée à assurer la stabilité des droits et des fortunes, en arrêtant les instances, en imposant une limite forcée à l'esprit de chicane, en apportant des entraves enfin à l'humeur éternellement processive des plaideurs obstinés : or, ces motifs militent en faveur de l'extinction de l'obligation naturelle, aussi bien qu'en faveur de l'extinction de l'obligation civile ; car si l'obligation naturelle n'engendre pas d'action, elle produit toutefois des effets considérables qu'il importe d'écarter. Est-ce que, du reste, au point de vue rationnel, il ne serait pas bien extraordinaire que la prescription pût briser le lien si énergique de l'obligation civile, et restât

comme paralysée et sans force vis-à-vis de la simple obligation naturelle ? N'oublions pas que notre institution de la
prescription se rattache, aujourd'hui comme autrefois, au
droit général de tous les peuples civilisés : or, si parfois
l'obligation naturelle peut se maintenir à l'encontre du droit
civil, en tant qu'elle n'a pas été l'objet d'une exclusion formelle fondée sur l'ordre public, du moins est-il certain que
jamais elle ne peut subsister à l'encontre du droit des gens.
Précisément parcequ'elle a sa base dans ce dernier droit,
elle en relève nécessairement, et elle doit tomber sous le
coup des causes d'extinction qu'il admet. Est-ce que la
prescription ne résulte pas d'une sorte d'acquiescement, de
consentement tacite, qui détruit, lorsque le débiteur veut
s'en prévaloir, jusqu'aux dernières traces du lien originaire ?
« *Vix est*, dit la loi 28 ff., *de verborum significatione*,
(lib. L., tit. 16), *ut non videatur alienare qui patitur usu-
capi.* » Il ne peut donc rester ensuite qu'un devoir de
conscience étranger au droit, et qui demeure dans le domaine exclusif de la morale pure. Voyez, au surplus, les
développements approfondis que nous donnons à cette question, dans nos *Considérations générales sur l'acquisition ou
la libération par l'effet du temps*, n°° 55 et 56, surtout
p. 95 à 119.

60. Il me reste maintenant à faire connaître une division capitale des droits civils, — *la distinction des droits
réels et des droits personnels*, — dont le rayonnement s'é-
tend sur tout le domaine de la législation, jusqu'à ses plus
extrêmes limites. L'article 543 du Code Napoléon déclare
que, « l'on peut avoir sur les biens, ou un droit de
propriété, ou un simple droit de jouissance, ou seulement des services fonciers à prétendre. » Ce texte contient une énumération, incomplete en elle-même, et qui
a, de plus, le défaut de ne pas nous donner la classification fondamentale des droits que tout homme peut avoir
sur les objets extérieurs : or, ces droits, nous venons de
le dire, sont de deux sortes, réels ou personnels. (1).

(1) Comp. MM. Aubry et Rau, t. ii, p. 49, § 172 ; — M. Demolombe,

61. Qu'est-ce d'abord qu'un *droit réel?* — Le droit réel est celui qui établit entre la personne sujet du droit,

Traité de la distinction des biens, t. I, (ou t. IX des *Œuvres complètes*), nos 464 et suivants; — M. Acollas, *Manuel de droit civil*, t. I, p. 17 à 21, et p. 559 à 568; — M. Mourlon, *Répétitions écrites*, t. I, nos 1334 à 1340; — M. Demante, *Cours analytique*, t. II, p. 443; — M. Laurent, *Principes de droit civil*, t. VI, p. 92 à 113, nos 72 à 86. M. Laurent, (au n° 72), critique vivement les expressions dont se sert la doctrine. «Pothier, dit-il, affirme que l'on peut avoir, deux espèces de droits à l'égard des choses qui sont dans le commerce : le droit que nous avons dans une chose, qu'on appelle *jus in re*, droit *réel*, droit par lequel elle nous appartient, au moins à certains égards; et le droit que nous avons par rapport à une chose, qu'on appelle *jus ad rem*, droit *personnel*, droit que nous exerçons contre la personne qui s'est obligée de nous prester la chose. — Ces expressions de droit *réel* et de droit *personnel* rendent mal le sens des locutions admises dans le langage de l'école, et que Pothier emploie, *jus in re* et *jus ad rem*. Celle de droit *personnel* est équivoque par elle-même, car elle a encore d'autres significations; ainsi on dit de l'usufruit que c'est un droit personnel, en ce sens que, attaché à la personne de l'usufruitier, il s'éteint avec sa mort; on dit encore qu'un droit est personnel, quand il est exclusivement attaché à la personne de celui à qui il appartient, de sorte que ses créanciers ne peuvent pas l'exercer (art. 1166) Il vaudrait mieux se servir de l'expression qu'emploient les auteurs de droit romain : *droit de créance;* elle indique parfaitement la nature du droit que nous appelons personnel par opposition au droit réel : il naît d'une obligation, c'est-à-dire d'un lien de droit qui existe entre un créancier et un débiteur, et qui engendre une action contre la personne obligée, action qui tend à ce qu'elle fasse ou donne ce qu'elle s'est obligée à faire ou à donner. (Pothier, *Traité du droit de domaine de propriété*, n° 1). — L'expression de droit *réel* donne lieu à une autre équivoque par suite de l'extension qu'elle a reçue dans le langage des auteurs modernes. Ils donnent ce nom aux droits qui dérivent de la puissance qu'une personne exerce sur une autre, le mari sur la femme, le père ou la mère sur l'enfant; ils trouvent cette affinité entre les droits de puissance et les droits réels, c'est qu'on peut les faire valoir envers et contre tous, au moyen d'actions analogues à la revendication : (Aubry et Rau, *Cours de droit civil français*, 4e édition, t. II, p. 51). — Il y en a qui vont plus loin et qui donnent le nom de droits réels à tous les droits qui appartiennent à l'état des personnes, tels que le droit de réclamer sa nationalité, sa filiation, le droit de désaveu; ils appellent même droits réels, les diverses facultés qui sont garanties par la Constitution, telle que la liberté individuelle, la liberté religieuse, (Ducaurroy, Bonnier et Roustain, t. II, p. 45, n° 69). — Il nous semble que c'est confondre des droits d'une nature essentiellement diverse. Pothier a soin de dire que la division des droits réels et personnels concerne les choses qui sont dans le commerce; or, précisément les droits d'état personnel, les droits de puissance, les droits politiques sont placés hors du commerce. Ne mêlons pas des matières qui n'ont rien de commun. Si nous disons un mot de ces divisions, c'est pour montrer le danger des *classifications inutiles que l'on aime tant dans l'école*, et qui, au lieu de simplifier les idées ne font que les embrouiller. »

et la chose objet du droit, une relation directe et immédiate : le titulaire va droit à sa chose : il exerce sur elle,
au gré de ses convenances, les prérogatives qui lui appartiennent ; nul intermédiaire nécessaire n'apparaît ici. Dès
lors, vous ne rencontrerez jamais, dans le droit réel, que
deux éléments, savoir, la personne sujet actif du droit,
et la chose qui en est l'objet. Voilà la notion traditionnelle
du *jus in re*. Il a pour corrélatif naturel, une nécessité générale et négative, imposée à *toute personne* (autre que celle
qui est investie du droit), de s'abstenir de tous les actes qui
pourraient en entraver l'exercice : « Place au droit réel !
dit fort énergiquement M. Demolombe (t. ix, n° 473) et
que tous les rangs s'ouvrent pour lui faire passage, lorsqu'il s'avance tout-puissant et absolu, par sa propre et
seule force, sans l'intermédiaire d'aucun débiteur, vers la
chose même sur laquelle il porte directement : — Droit de
suite contre les tiers détenteurs ; — Droit de préférence
contre les créanciers ; — Indivisibilité envers et contre tous ;
— Tels sont généralement, et à grands traits, ses trois
attributs. » Nous verrons plus tard, avec l'art. 543, les
difficultés considérables que soulève la nomenclature des
droits réels, en présence de l'énumération incomplète du
Code civil. Comparez, sur ce point, M. Demolombe, t. ix,
n°' 475 à 532, et M. Acollas, (*Manuel de droit civil*, t. i,
p. 559 à 568) ; ajoutez M. Laurent, t. vi, n°' 72 et suiv.,
p. 92 à 115, et t. viii, n° 340, p. 410 et suivantes.

62. Nous nous bornerons ici, au point de vue des notions générales qui nous occupent, à citer les droits qui
rentrent certainement, de l'aveu de tout le monde, dans
la catégorie des droits réels : ces droits sont, aux termes
des art. 543, 2071, 2072, 2073, 2094, 2095, 2114,
2118, etc., les neuf suivants :

1° Le droit de propriété ;

2° Le droit d'usufruit ;

3° Le droit d'usage ;

4° Le droit d'habitation ;

5° Les servitudes ou services fonciers ; cette première

partie de notre énumération, est empruntée à l'art. 543 ;

6° Le gage (art. 2072) ;

7° L'antichrèse (art. 2085 et loi du 23 mars 1855, article 2) ;

8° Le privilége (art. 2095) ;

9° L'hypothèque (art. 2114).

Il existe toutefois une différence essentielle à signaler entre ces derniers droits, et ceux qui rentrent directement dans la nomenclature de l'art. 543 : — les droits de gage, d'antichrèse, de privilége et d'hypothèque, sont toujours l'*annexe* d'une créance dont ils garantissent le paiement. Dès lors, ils constituent des *droits réels accessoires*, dont l'existence est intimement liée à celle de la créance elle-même, et qui s'éteignent au gré du débiteur, si celui-ci veut payer : plus généralement, toute cause extinctive de la créance, (art. 1234), est extinctive des droits réels accessoires. — Au contraire, les droits énumérés dans l'art. 543, (propriété, usufruit, usage, habitation, servitudes ou services fonciers), ont, par eux-mêmes, une existence stable et permanente : ils ne peuvent pas être anéantis contre le gré de la personne qui en est titulaire. Ils constituent des *droits réels principaux*.

63. Je dois maintenant définir le *droit personnel*. — Le droit personnel proprement dit est celui qui établit entre la personne à laquelle le droit appartient, et la chose objet du droit, une relation simplement indirecte et médiate : le titulaire, pour obtenir la chose, ou une certaine prestation, ou un certain fait, doit s'adresser à une autre personne qui est obligée envers elle.

Dès lors vous rencontrerez toujours ici trois éléments nécessaires :

1° Le créancier, sujet actif du droit ;

2° Le débiteur, sujet passif du droit ;

3° La chose, la prestation, ou le fait, objet du droit.

Voilà la notion du *jus ad rem*, désigné souvent aujourd'hui sous le nom de droit personnel proprement dit, mais qu'il vaudrait mieux appeler droit de créance. Il a pour corrélatif nécessaire une obligation essentiellement *relative* et imposée à une ou plusieurs personnes *individuellement déterminées :* aussi MM. Aubry et Rau, (*Cours de droit civil*, t. ii, p. 49, § 172), s'attachant à ce dernier caractère, nous disent-ils : « Les droits personnels proprement dits sont ceux qui, se rattachant à un lien d'obligation existant entre deux personnes déterminées, ne sont de leur nature susceptibles d'être exercés que contre la personne obligée, et contre ceux qui sont tenus de ses engagements. » Nous ne saurions ici avoir la prétention d'énumérer, en détail, les droits personnels : car ils comprennent tous les droits de créance, ayant pour objet, tantôt la transmission ultérieure d'une chose, tantôt une simple prestation, tantôt un fait, quelquefois même une abstention. En dernière analyse, la cause efficiente du droit personnel, c'est *l'obligation*, quelle que soit d'ailleurs la source d'où elle dérive, d'un contrat, d'un quasi-contrat, d'un délit, d'un quasi-délit, ou de la loi. La cause efficiente du droit réel, c'est l'aliénation, ou plus généralement, ce sont les modes réguliers et légitimes à l'aide desquels se réalise la transmission totale ou partielle de la propriété, ou de quelqu'un de ses démembrements.

64. La division des droits, en droits réels et en droits personnels ou droits de créance, repose sur la nature intrinsèque des droits eux-mêmes. Comparez M. Bertauld, (*Questions pratiques et doctrinales* de Code civil, t. i, n⁰ˢ 219 et suivants.) J'insiste sur ce point, Messieurs, parce que vous rencontrerez bientôt, à propos des articles 516 et suivants, une nouvelle distinction des droits en mobiliers et immobiliers, laquelle se rapporte à la nature de la chose formant l'objet de tel ou tel droit : *mobile est quidquid* (jus) *tendit ad mobile; immobile est quidquid* (jus) *tendit ad immobile.*

65. L'intérêt de la distinction des droits en réels et personnels est fort considérable. Il existe surtout aux six points de vue principaux que voici :

1° Tout droit réel suppose une chose dès actuellement

déterminée dans son individualité , et sur laquelle il porte :
ex : Pierre a la propriété de tel cheval. — Le droit personnel peut n'avoir pour objet qu'une certaine prestation ,
l'accomplissement d'un certain fait , ou la livraison d'une
chose déterminée seulement dans son espèce : exemple :
Pierre est créancier sur Jacques d'une maison à bâtir ;
ou encore, Pierre est créancier de tant d'hectares de
terre à prendre dans le domaine de Jacques, ou enfin,
Pierre est créancier de tant d'hectolitres de blé à prendre
dans le grenier de Jacques. Comparez les art. 1585 et
suivants.

2° Le droit réel emporte, du moins en général, un *droit
de suite* ; — c'est-à-dire que celui auquel appartient un
droit réel peut en poursuivre l'exercice sur la chose même
soumise à ce droit, et contre tout possesseur ou détenteur
de la chose. J'emprunte un premier exemple au droit de
propriété : je suis propriétaire de la maison A : un *non
dominus* vend ma chose à un tiers : tant que celui-ci n'aura
pas prescrit (art. 2262 et 2265), je revendiquerai utilement
contre ce tiers, et plus généralement contre tout tiers détenteur, (*etiamsi domus mea per mille manus transierit*).
J'emprunte un second exemple au droit d'hypothèque :
j'ai régulièrement obtenu et inscrit une hypothèque sur le
fonds B : mon débiteur aliène cet immeuble qu'il m'a im-
pignoré : le tiers acquéreur pourra être par moi poursuivi
en paiement ; car il est devenu mon débiteur *propter rem.*
S'il ne me paie pas, je le ferai exproprier. Comparez les articles 2166 à 2170, et les articles 2204 et suivants. — Au
contraire, celui qui n'est investi que d'un simple droit personnel, c'est-à-dire le créancier, ne peut l'exercer que
contre la personne directement obligée à la prestation,
c'est-à-dire contre le débiteur ou ses représentants : ex. :
J'ai contre vous une créance purement chirographaire de
cent mille francs : aux termes de l'article 2092, vous êtes
tenu de remplir votre engagement sur tous vos biens, mobiliers et immobiliers, corporels et incorporels , présents et
à venir. Mais , si vous aliénez vos biens , tout est fini pour

moi : les tiers acquéreurs ne seront tenus à rien vis-à-vis de moi ; car je ne suis qu'un simple créancier chirographaire (1), et le droit personnel n'engendre aucun droit de suite.

(1) Les inconvénients du titre purement chirographaire sont considérables : car il n'engendre qu'une simple obligation personnelle : or, l'obligation personnelle, aux termes de l'art. 2092, ne confère au créancier de droits sur les biens de son débiteur, que du chef même de la personne de ce débiteur, *ex personâ debitoris*; le créancier personnel n'est que l'ayant-cause de son débiteur, et il a un simple *jus ad rem*. Telle est la règle : en voici maintenant les trois conséquences : — 1° Tous les créanciers personnels d'un même débiteur ont, sur les biens de celui-ci, des *droits* parallèles et *égaux*, *quelle que soit la date* de leurs titres respectifs : « Les biens d'un débiteur, dit l'art. 2093, sont le gage commun de ses créanciers, et le prix s'en distribue entre eux par contribution, à moins qu'il n'y ait entre les créanciers des causes légitimes de préférence. » Dès lors, le créancier à titre purement chirographaire a d'abord à redouter les dettes nouvelles que pourrait contracter son débiteur, dettes qui pourraient ultérieurement devenir la source d'une distribution insuffisante par contribution et au marc le franc ; — 2° Les *aliénations* que le débiteur peut consentir de ses biens diminuent d'autant le gage de ses créanciers personnels : car ceux-ci n'ont, aux termes de l'art. 2092, qu'un droit de gage général, vague et indéterminé, qui ne leur permet pas de suivre la chose entre les mains des tiers acquéreurs ou des tiers détenteurs : n'oublions pas, en effet, que les créanciers personnels, à titre purement chirographaire, n'ont de droits que du chef de leur débiteur, *ex personâ debitoris* : or, le débiteur, ayant précisément aliéné, n'est plus propriétaire : par suite, les créanciers ne peuvent pas avoir sur les biens aliénés plus de droits que le débiteur lui-même, dont ils sont les ayants-cause. Seulement, si l'aliénation a été frauduleuse, les créanciers lésés pourront la faire révoquer par application de l'art. 1167, lequel a introduit, dans le Code civil, l'action paulienne du droit romain ; — 3° Enfin, lorsque le débiteur unique décède laissant plusieurs héritiers, l'obligation personnelle, aux termes des art. 870 et 1220, se fractionne et se divise de plein droit en autant d'obligations distinctes qu'il y a de représentants différents du même débiteur originaire. Nous voyons ainsi apparaître un nouveau danger pour les créanciers à titre purement chirographaire, celui du morcellement, et pour ainsi dire, de la pulvérisation du droit personnel, par suite du jeu normal des principes de la transmission héréditaire. — Le régime des privilèges et des hypothèques, (art. 2071 à 2204), a été précisément organisé pour obvier à ces graves inconvénients : c'est ainsi que, contre le danger de la distribution par contribution et au marc le franc, le législateur apporte, comme remède et comme garantie, des droits de préférence, soumis seulement à certaines conditions de publicité. C'est ainsi encore que, contre le danger des aliénations par lesquelles le débiteur peut amoindrir le gage de ses créanciers, la loi hypothécaire crée des droits réels et de suite contre les tiers détenteurs. C'est ainsi enfin que, contre le danger de la division indéfinie de l'obligation personnelle entre les successeurs et représentants d'un même débiteur, le régime hypothécaire offre un remède adéquate et topique, à savoir le droit intégral et d'indivisibilité, ce qui faisait dire à Dumoulin, en parlant de l'hypothèque : — *est*

3° Le droit réel emporte un *droit de préférence*. Je m'explique : lorsque plusieurs personnes ont, à des époques différentes, acquis sur une chose, soit le même droit réel, soit des droits réels différents qui se trouvent en collision l'un avec l'autre, le droit acquis antérieurement l'emporte, en principe, sur le droit acquis plus tard : *ex.* : Je suis titulaire d'une hypothèque sur le fonds A, et j'ai régulièrement inscrit cette hypothèque le 1er janvier 1873 : le débiteur, propriétaire de ce fonds, consent une nouvelle hypothèque, qui est inscrite par le titulaire le 1er avril 1873 : mon droit antérieur prévaudra, aux termes de l'art. 2134. De même encore, je suis usufruitier d'un fonds, ou titulaire d'une servitude sur ce fonds : le nu-propriétaire consent un nouvel usufruit à un tiers, ou une servitude : cet acte ne m'est pas opposable ; mon droit antérieur, dûment transcrit dans les termes de l'art. 2, n° 1, de la loi du 23 mars 1855, prévaudra toujours. — Le droit personnel, au contraire, est un droit qui n'entraîne aucune préférence : par conséquent, en cas de collision de divers droits personnels contre un même débiteur, aucun des créanciers ne jouit, en thèse générale, d'un droit préfé-

tota in toto et tota in quâlibet parte. Et, en effet, lorsqu'un privilége ou une hypothèque étreint un immeuble quelconque, d'une part, chaque portion de cet immeuble, même la plus minime et la plus moléculaire, répond de la totalité de la dette, et d'autre part, chaque portion de la dette, même la plus petite et la plus infinitésimale, affecte la totalité du fonds. Le régime hypothécaire est parvenu à donner aux créanciers ces importantes garanties, en créant à leur profit, sous certaines conditions, un droit propre, distinct et indépendant, un véritable *jus in re* sur les biens affectés par leur débiteur. Nous retrouverons plus tard ces notions, lorsque nous étudierons en détail le grand titre des priviléges et des hypothèques. Il nous suffira ici de donner par avance la définition de ces deux catégories de droits. Le privilége d'abord est défini par l'art. 2095, un droit que la *qualité de la créance* donne à un créancier d'être préféré aux autres créanciers, même hypothécaires. Quant à l'hypothèque, dont s'occupent les art. 2114 et suivants, nous la définirons de la manière suivante : L'hypothèque est un droit réel, démembrement de la propriété, qui, sans opérer d'ailleurs aucun déplacement de la possession, affecte des immeubles déterminés ou un ensemble d'immeubles à la garantie d'une créance dont elle assure le paiement, en quelque main que se trouvent les immeubles, par préférence à tous créanciers n'ayant que des droits *postérieurs en date*. Comparez, pour la définition des autres droits réels, énumérés *suprà*, n° 62, M. Accollas, t. 1, p. 562 et 563.

rable : l'art. 2093 est formel en ce sens. Si donc le débiteur est partiellement insolvable, la perte se répartit au marc le franc entre tous ses créanciers.

4° La prescription court contre les droits réels, non-seulement lorsqu'ils sont purs et simples, mais encore lorsqu'ils sont *à terme* ou *conditionnels* : arg. des art. 2262 et 2265. — Elle ne court point, au contraire, contre les droits personnels *à terme* ou *conditionnels*, tant que le terme n'est pas échu ou que la condition n'est pas réalisée. Comparez les art. 2257 et 2258.

5° On peut acquérir, par voie de *prescription*, certains droits réels. C'est ainsi, par exemple, qu'aux termes de l'art. 2262, l'usurpateur d'un immeuble peut en devenir propriétaire par l'expiration du laps de trente ans, si d'ailleurs sa possession a réuni toutes les qualités exigées par les art. 2228, 2229 et suivants. Comparez, sur le fondement rationnel et juridique de cette manière d'acquérir, nos *Considérations générales sur l'acquisition ou la libération par l'effet du temps*, nᵒˢ 28 à 41, p. 35 à 57. — On ne peut jamais, au contraire, acquérir par prescription des droits personnels. Supposez, par exemple, que vous m'ayez prêté, durant trente ans, à des époques périodiques régulières, votre cheval pour labourer ma terre : la trente-et-unième année, vous pourrez valablement vous y refuser. Supposez encore que vous m'ayez payé chaque année, durant trente ans, une rente de mille francs, sans y être obligé d'ailleurs par aucun titre : la trente-et-unième année, vous pourrez cesser de le faire, sans que je puisse intenter contre vous aucune action en justice utile pour maintenir cet état de choses : arg. de l'art. 2263.

6° Il y a encore un dernier intérêt à déterminer si un droit est réel ou personnel : cet intérêt se manifeste au point de vue de la compétence des tribunaux, par application de l'art. 59 du Code de procédure. Lorsqu'un droit réel immobilier devient l'objet d'un procès, l'action doit être portée devant le tribunal de la situation de l'objet litigieux. — Lorsqu'au contraire, c'est un droit personnel qui

forme l'objet de la contestation, (que ce droit personnel
d'ailleurs soit mobilier ou immobilier, peu importe), c'est
le tribunal du domicile du débiteur qui devient compétent.
Les différentes règles de compétence, posées par l'article 59
du Code de procédure civile, vous seront expliquées, en
détail, l'année prochaine, au cours de procédure.

66. A côté des droits réels et des droits personnels, il
convient de placer les droits de puissance ou de famille, et
plus généralement les droits qui concernent l'état des personnes, leur nationalité, leurs qualités de père, d'enfants ou
d'époux légitimes, et même les droits de liberté, de sûreté
corporelle, comme aussi de réputation ou d'honneur. Ces
droits, disent MM. Aubry et Rau, t. II, p. 51, § 173, texte
et note 5, « que le mariage attribue au mari sur la personne de sa femme, ou que la paternité et la maternité con-
fèrent au père et à la mère sur la personne de leurs enfants,
présentent une certaine affinité avec les *droits réels*, en ce
qu'ils affectent la personne elle-même, et qu'on peut les
faire valoir envers et contre tous, au moyen d'actions analogues à la revendication. » Comparez M. Demolombe, t. IX,
nº 470, (*Traité de la distinction des biens*, t. I.) Assurément cette affinité existe ; pourtant il nous répugne d'assimiler à des droits réels les prérogatives qui touchent à
l'état des personnes : car il s'agit ici de droits certainement
placés hors du commerce : or, comme le fait très-judicieu-
sement remarquer M. Laurent (t. VI, nº 72), la division
des droits en droits réels et droits personnels ou de créance,
concerne exclusivement les choses qui sont dans le commerce. Je placerais donc plus volontiers les droits qui touchent à l'état des personnes dans une catégorie à part :
ce sont , à mes yeux , des droits absolus *sui generis*.
Vouloir les faire rentrer de vive force dans la classification
traditionnelle des droits réels et des droits personnels, ce
serait mêler des matières qui n'ont, en dernière analyse,
rien de commun.

Telle paraît bien être d'ailleurs l'opinion de M. Bertauld,
exprimée incidemment, dans ses *Questions pratiques et*

doctrinales de Code civil, t. I, p. 182, n₀ 230. L'éminent jurisconsulte s'occupe, dans ce numéro 230, de déterminer quelle est, *au point de vue théorique*, la nature du droit de reproduction des œuvres littéraires ou artistiques : la réponse à cette question, dit-il, « suppose une théorie arrêtée sur la vraie nature des *droits réels* et des *droits personnels*, et aussi l'existence d'un *criterium* pour les distinguer. — On a dit, et c'est le *criterium* le plus recommandé pour faire sûrement la distinction, que les droits réels sont des droits absolus, opposables à tous, tandis que les droits personnels sont relatifs, ne lient que certaines personnes, les obligés ou leurs représentants à titre universel. Ce *criterium*, je le crois du moins, est loin d'être infaillible. Le droit réel qui naît, au profit de l'acheteur, de la vente d'un meuble ou même d'un immeuble déterminé, est quelquefois opposable au vendeur sans être opposable aux tiers, par exemple en matière immobilière, quand le contrat n'a pas été transcrit, ou en matière mobilière, quand il n'y a pas eu livraison. En sens inverse, le droit qui résulte du bail pour le fermier ou le locataire lie, non seulement le bailleur et ses représentants à titre universel, mais encore les tiers ; et cependant, bien que M. Troplong soit d'un avis contraire, ce droit ne constitue qu'un droit personnel : (Art. 1743 Code Nap.) — On dit avec plus de raison que le droit réel est le droit qui lie une personne à un bien meuble ou immeuble *directement*, qui la met immédiatement, et sans l'entremise d'une autre personne, en contact avec ce bien, tandis que le droit personnel, s'il a un bien pour objet, n'arrive à cet objet que médiatement, qu'avec le concours et par le fait d'une personne obligée. *Mais il y a des droits qui n'ont aucun caractère de réalité*, qui ne portent même pas sur des choses appropriables, qui sont absolus et qui n'ont besoin d'aucun auxiliaire spécial pour s'assurer le respect. *Tels sont les droits de nationalité, les droits de famille*, les droits de père, d'époux, de fils : ils existent vis-à-vis de la société entière. C'est dans la famille des droits qui sont absolus, sans s'adresser directement aux biens, que nous rangerions le droit pour les auteurs ou leurs représentants de reproduire leurs œuvres. » Nous verrons plus tard quel a été le point de vue, adopté par le législateur, dans la loi des 14-19 juillet 1866, sur les droits des héritiers et des ayants-cause, sur les droits des auteurs, compositeurs ou artistes.

67. Il nous reste à mentionner, sans entrer d'ailleurs dans aucun développement, de nouvelles catégories importantes de droits, dont l'existence est certaine, mais qui sont étrangers à un enseignement de pure législation civile ou privée : nous voulons parler des droits politiques et des droits publics.

Il faut d'abord entendre par droits *politiques*, les droits en vertu desquels un citoyen participe, d'une manière plus ou moins directe, au gouvernement de son pays et à l'exercice de la puissance publique : tel est, par exemple, le droit d'être électeur ou d'être éligible ; tel est encore le droit de siéger comme juré ; tel est enfin le droit de paraître comme témoin en justice, ou pour donner l'authenticité aux actes civils. Voilà les prérogatives que l'on fait rentrer le plus habituellement dans la catégorie des droits politiques proprement dits.

Les droits, plus spécialement appelés droits *publics*, sont ceux qui se réfèrent aux rapports entre les citoyens et le gouvernement existant dans l'Etat : à la différence des droits privés, qui ont pour objet la sauvegarde des intérêts individuels, les droits publics sont organisés et reconnus en vue du plus grand avantage de la masse des citoyens : nous citerons, parmi les prérogatives les plus importantes qui se rattachent à cet ordre d'idées, l'égalité devant la loi, la contribution proportionnelle aux charges de l'Etat, la liberté individuelle, la liberté des cultes, la liberté de la presse, l'inviolabilité du droit de propriété, la publicité des débats judiciaires, le droit de ne pouvoir pas être distrait de ses juges naturels, le droit de pétition, etc.

Voici à quels points de vue ces prérogatives importantes, qualifiées de droits *publics* des Français par les diverses constitutions qui se sont succédé en France depuis 1791, se distinguent des droits politiques proprement dits. Les droits publics sont absolus dans leur existence, comme dans leurs effets : ils appartiennent à tous les Français, sans distinction d'âge comme sans distinction de sexe. Ils sont, en effet, en général du moins, indépendants de l'organisation, si variable, des pouvoirs sociaux. Les droits politiques proprement dits, au contraire, sont relatifs et variables, précisément parce qu'ils se rattachent, de la manière la plus intime, à l'organisation et au mécanisme des divers pouvoirs mis à la tête de la société. C'est ainsi, par exemple, que les lois électorales ont déterminé, suivant les époques, des catégories plus ou moins larges d'électeurs, pour aboutir enfin au suffrage universel, lequel admet toutefois encore des conditions d'âge et de sexe.

68. L'esprit général, qui a présidé à la rédaction du Code civil, vous est maintenant connu. Vous avez vu également, Messieurs, quel est le rôle ici-bas de la morale et du droit, et vous avez pu mesurer la sphère dans laquelle se meuvent les différents principes directeurs de l'homme au chemin de la vie. Au moment où nous allons quitter la théorie pure, pour entrer dans l'examen des principales divisions historiques du droit civil français, et pour étudier l'organisation actuelle des pouvoirs publics, votre conclusion doit être l'affirmation de cette union intime proclamée autrefois par le grand orateur romain entre le *juste* et *l'utile* : (Cicéron *de Officiis*.) Bientôt, du reste, vous aborderez l'étude des textes, et vous verrez que partout et toujours, dans la pratique, la violation des grands principes de liberté et d'équité s'est traduite par un dommage matériel. Les lois qui durent et qui font les grandes nations sont celles-là seulement qui sont conformes aux données de la raison et aux conceptions d'une saine philosophie.

APPENDICE.

Distinction des lois qui ont pour objet la sauvegarde
d'un intérêt général ou public, et des lois qui ont pour
objet la protection d'un intérêt purement privé. — Criterium proposé. — Explication sommaire de l'art. 6 du Code
civil.

69. Nous avons posé *suprà*, n⁰ˢ 44 et 45, la distinction
du droit public et du droit privé, et nous avons montré
combien il est essentiel, en présence de l'art. 6 du Code
civil, combiné avec les art. 900, 1131, 1133, 1134 et 1172,
de trouver un *criterium* certain fournissant un moyen sérieux
d'apprécier, au point de vue doctrinal, si une loi est d'intérêt
général et d'ordre public, ou seulement d'intérêt privé. Il
est nécessaire, en un mot, de définir scientifiquement l'ordre
public et les bonnes mœurs, dans le sens de l'art. 6 du
Code civil.

Or, ici, la plupart des auteurs se mettent singulièrement
à l'aise. Nous lisons notamment dans M. Mourlon, *Répétitions écrites*, t. 1, n⁰ 95 : « Qu'est-ce que l'ordre public ?
A quels signes reconnaître les bonnes des mauvaises mœurs ?
Ces choses *se sentent* plus qu'on ne les définit. Aussi la loi
s'est-elle abstenue de donner des règles à ce sujet : elle
s'en rapporte à la sagesse des tribunaux. » Il nous est
impossible d'accepter une semblable solution : quand le
législateur ne définit pas, il laisse ce soin à la doctrine (1),
qui, elle, ne peut pas s'en dispenser : car il ne doit rester
rien de vague dans la jurisprudence : le droit est une suite

____

(1) Comparez M. Laurent, *Principes de droit civil*, t. 1, n⁰ 46, p. 82 ;
M. Demolombe, *Cours de Code civil*, t. 1, n⁰ˢ 17 à 20.

de principes logiques fondés sur la raison, et où le sentiment ne peut jamais jouer le rôle de *criterium* ; avec un tel guide, la solution des plus importantes questions serait abandonnée aux caprices infinis de la raison humaine, et nul ne serait jamais sûr d'avoir fait une convention valable. Sans doute il faut, surtout dans la matière qui nous occupe, laisser une grande liberté d'appréciation aux tribunaux. Mais n'oublions pas le vieil adage : « *Dieu nous garde de l'équité des parlements !* »

Il nous faut donc, pour l'interprétation de l'art. 6 du Code civil, trouver un *criterium* plus assuré et plus fixe que celui qui nous est offert par le sentiment et la seule raison ; il ne faut pas que la jeunesse des écoles, à laquelle s'adresse surtout cette brochure, s'habitue à se payer de mots, ou ce qui est exactement la même chose, à se contenter de demi-idées.

70. Que signifient d'abord les expressions, « lois qui intéressent *l'ordre public*, » dans le sens de l'art. 6 ? — L'un de nos éminents collègues de la Faculté de droit de Douai, M. Em. Alglave a consacré à la *définition de l'ordre public en matière civile*, deux articles fort intéressants, publiés en 1868, dans la *Revue pratique* de droit français, t. xxv, p. 444 à 500 et p. 524 à 562. Voici quel est le *criterium* proposé par le savant auteur : « L'ordre public, dit-il, se rattache essentiellement à la *constitution de la société*, et embrasse tout ce qui a été établi en vue de son intérêt, comme le droit privé comprend tout ce qui avait pour but l'intérêt des particuliers. Le caractère *ordinaire* du droit public, c'est de ne pouvoir pas être estimé en argent ; le caractère du droit privé, c'est d'admettre ce mode d'évaluation. Mais comme le législateur est souverain (1) pour juger de ce qui intéresse la société qu'il régit, il peut ranger dans le droit public des questions purement pécuniaires, comme il peut attribuer d'une manière fictive, un équivalent en argent à des choses dont la nature ne semblait point admettre un tel équivalent. Le *signe véritable de l'ordre public doit*

____

(1) Comparez ce que nous avons dit *suprà* n° 26, de la prétendue omnipotence du Législateur. Nous repoussons cette idée dans son absolutisme.

donc se chercher dans la volonté du législateur, et cette volonté implique nécessairement, pour les citoyens, la défense de modifier un état de choses établi non en vue de leurs intérêts privés, mais dans le but de sauvegarder les intérêts sociaux. Celui qui se trouve en profiter n'a donc *jamais* le droit d'y renoncer. — Mais pour rattacher une loi à l'ordre public, exigerons-nous, soit que le législateur lui ait *attribué formellement* ce caractère, soit qu'il ait édicté *en termes exprès* la défense absolue de toute renonciation ? Au point de vue de la simplicité des controverses et de la sûreté des décisions, il serait assurément fort désirable qu'on pût s'en tenir là. Mais le législateur ne songe pas à tout, et il oublie souvent les choses les plus essentielles, lorsque rien n'y attire spécialement sa mention. Il ne faut donc pas nous étonner qu'une attestation si utile fasse défaut dans un grand nombre de cas, et il est hors de doute que nous sommes contraints à la suppléer, au moins quelquefois. Malgré l'absence de cette mention, lorsque *l'esprit d'une loi*, les *motifs* qui l'ont inspirée et le *but qu'elle poursuit* démontreront clairement que son auteur n'admettait pas qu'on pût y déroger dans aucune circonstance, on devra la rattacher à l'ordre public. » Voilà, en effet, des éléments de décision qui, s'ils prêtent encore à un certain arbitraire pratique, mènent toutefois à la solution, d'une manière plus sûre que ne le feraient les lueurs vacillantes du sentiment et de la raison individuelle.

Nous définirons dès lors l'ordre public, en disant qu'il comprend l'ensemble des règles considérées par le législateur d'un temps et d'un pays comme essentielles à la marche ou au bon ordre de la société, et comme non susceptibles d'être jamais évaluées en argent, pour former la matière d'un contrat privé dérogatoire.

Ainsi donc, veut-on savoir si telle ou telle loi intéresse l'ordre public dans le sens de l'article 6 du Code civil ? — L'on devra d'abord rechercher si le législateur a expressément manifesté sa volonté, par une nullité édictée dans un texte précis ; il en est fréquemment ainsi : voyez, par exemple, les articles 791, 896, 908, 909, 913, 1099, 1130, 1597, 1965, etc. — Si la loi est muette, il faudra suppléer à son silence, en étudiant les travaux préparatoires, l'origine, les motifs et le but de la disposition, les circonstances qui l'ont fait édicter, etc. — L'on devra enfin rechercher si, en lui-même et par sa nature propre, le droit dont il s'agit est susceptible d'être évalué en argent, et s'il rentre, par conséquent, dans la catégorie des questions purement pécuniaires. Le pouvoir discrétionnaire des tribunaux se trouve ainsi renfermé dans de justes limites, et ne dépasse pas la mesure d'indépendance qui est imposée, dans de semblables matières, par la nature même des choses.

71. Nous devons maintenant faire quelques applications; elles donneront une intelligence plus complète du principe que nous venons de poser. Parmi ces applications, dont nous prendrons seulement les plus importantes, les unes sont universellement acceptées, les autres soulèvent, au contraire, une vive controverse.

72. L'on s'accorde d'abord généralement à reconnaître comme lois d'ordre public, auxquelles, par suite, il n'est pas permis de déroger :

1° Toutes les lois qui se rattachent au *droit public*. Telles sont les lois qui établissent les impôts : « Une loi, dit M. Laurent (t. 1, n° 51, p. 85), frappe la propriété foncière d'une contribution, et elle l'exige du propriétaire. Si, dans un bail, les parties mettent l'impôt foncier à la charge du preneur, cette convention peut-elle déroger à la loi? En ce qui concerne les droits de l'Etat, elle est nulle; le fisc pourra exiger du propriétaire le paiement de la contribution que la loi lui impose, sauf aux parties contractantes à régler leurs intérêts comme elles l'entendent; »

2° Telles sont encore les lois qui règlent *l'ordre des juridictions*. Les parties en procès ne pourraient pas, par exemple, s'entendre pour se rendre directement devant la Cour d'appel; elles ne pourraient pas étendre la compétence des tribunaux de commerce à des matières civiles, ni modifier la juridiction exceptionnelle des juges de paix : en ce sens, cass. 14 février 1866, (D. P. 66-1-447); comparez toutefois l'art. 111 du Code civil;

3° Telles sont encore les lois qui règlent *l'état des personnes*, et la capacité ou l'incapacité qui y est attachée. Les art. 1388 et 1389 sont formels en ce sens. L'intérêt de la société est ici manifestement en jeu, et la jurisprudence n'a jamais hésité sur ce point. Voyez les exemples rapportés par M. Laurent, t. i, n° 52, p. 87;

4° Seraient nuls également et par les mêmes motifs, les pactes qui auraient pour but de déroger à *l'ordre légal des successions* (art. 1389), sauf certaines exceptions admises par les lois. Voyez notamment les art. 761, 918, 1082 et suivants. Les lois sur la dévolution héréditaire intéressent certainement l'ordre public;

5° Quant aux lois qui concernent *les biens*, (voyez notamment les art. 516 à 710), elles ne sont pas, en général du moins, d'ordre public. Il faut donc un intérêt social évident pour que l'on puisse limiter la liberté des parties contractantes : alors seulement la loi sur les biens rentre dans la sphère d'application de l'art. 6 du Code civil. Nous en trouvons un exemple dans l'art. 815, d'après lequel, nul ne peut être contraint à demeurer dans l'indivision. C'est là une disposition d'intérêt public, en même temps que d'intérêt privé. L'indivision forcée est, en effet, redoutée, non-seulement parce qu'elle est une source de désagréments pour les particuliers, mais aussi et surtout, parce qu'elle est contraire au crédit social, qui exige la bonne exploitation des terres et la libre circulation des biens : aussi, le législateur, après avoir posé le principe général qui défend l'indivision forcée, se hâte-t-il d'ajouter, dans la suite de l'art. 815 : « Le partage peut être toujours provoqué, nonobstant les prohibitions et conventions contraires. » Le Code civil admet seulement la possibilité de suspendre le partage, par une convention privée, dans la limite d'un délai de rigueur de cinq ans : (art. 815, *in fine.*)

73. Nous allons prendre maintenant, parmi les appli-

cations sujettes à controverse, deux difficultés pratiques, qui nous paraissent surtout de nature à bien faire saisir la portée de l'art. 6 du Code civil.

74. L'art. 91 de la loi du 28 avril 1816 a accordé à un certain nombre d'officiers ministériels; tels que les greffiers, les huissiers, les notaires, etc., la faculté de présenter leurs successeurs à l'agrément du chef de l'Etat; d'où il résulte que cette loi leur a donné *le droit de stipuler un prix pour la cession qu'ils veulent faire de leurs offices*. Aussi il ne s'élève aucune difficulté quant à eux. Mais on agite vivement, au contraire, la question de savoir si les autres fonctionnaires publics, auxquels le droit de présentation n'a été conféré par aucune loi, ne peuvent pas néanmoins aussi traiter de leur démission : ou bien, faut-il dire que les lois concernant la délation des charges et fonctions publiques sont des lois d'intérêt général, qui n'admettent, par conséquent, aucune stipulation dérogatoire, ni aucune évaluation pécuniaire?

Supposons l'hypothèse suivante, présentée par M. Demolombe, t. xxiv, n° 337 : « C'est un percepteur des contributions, qui résigne sa place par un contrat passé entre lui et un tiers, sous la condition par celui-ci, qui est prétendant à cette place, de lui payer un capital ou de lui servir une rente viagère. » Cette vente d'une fonction publique, cet engagement d'y renoncer pour y faire parvenir un tiers, ont-ils un objet licite, et faut-il les déclarer valables?

Un arrêt de la Cour de Bordeaux du 5 décembre 1845, (Dev. 1846-2-328), a admis la validité de semblables contrats, par cette raison qu'aucune loi n'interdit à un fonctionnaire la faculté de se démettre de son emploi, en recevant une indemnité plus ou moins élevée du postulant, auquel sa retraite laisse le champ libre.

74 *bis.* Tel ne serait pourtant pas notre avis, et nous préférons singulièrement la jurisprudence actuelle, approuvée par M. Demolombe, t. xxiv, n° 337, (t. 1 des *Contrats et obligations*), laquelle décide que la démission d'un fonc-

tionnaire public ne peut jamais former valablement l'objet d'une stipulation pécuniaire. Voyez Montpellier, 17 décembre 1849, (Dev. 1850-2-216). Nous présenterons, à l'appui de cette solution, un argument de texte, un argument de principes, et un argument d'intérêt pratique :

1° Au point de vue des textes, les lois du 4 août 1789 et du 6 octobre 1791 ont aboli la vénalité des offices : or, les stipulations dont nous nous occupons ici, auraient pour résultat de rétablir indirectement, mais nécessairement, la vénalité, en l'étendant à toutes les fonctions publiques : donc, ces stipulations ne peuvent pas être validées en justice ;

2° Au point de vue des principes, les fonctions publiques sont une dépendance directe de la souveraineté : or, la souveraineté est évidemment hors du commerce ; donc les délégations de cette souveraineté ne forment point un bénéfice appréciable en argent et susceptible de se prêter aux caprices des combinaisons privées. Sans doute, on objecte que le contrat porte ici non pas sur la fonction considérée en elle-même, mais sur un fait personnel du fonctionnaire, à savoir le fait de se démettre de son emploi et de rendre ainsi la place vacante, le gouvernement conservant d'ailleurs son indépendance au point de vue de la nomination. Mais il suffit de voir les résultats auxquels on pourrait arriver dans l'application, pour mesurer le peu d'importance de cette objection ;

3° Au point de vue pratique, dit fort judicieusement M. Demolombe (t. xxiv, n° 337), où serait alors « l'obstacle à ce que de pareils marchés s'étendissent à toutes les fonctions, même les plus élevés de l'Etat, aux fonctions politiques comme aux fonctions administratives et judiciaires ? Et s'il était vrai que l'on pût légitimement acheter la démission d'un percepteur des contributions, pourquoi ne pourrait-on pas acheter aussi légitimement la démission d'un premier président, d'un préfet, d'un député au corps législatif ou d'un ministre ? On serait tout aussi bien fondé à dire qu'ils n'ont promis qu'un fait à eux personnel, et qu'ils se bornent, en se retirant, à laisser *le champ libre* aux prétendants... Quoi de plus contraire qu'un pareil trafic à notre droit constitutionnel et aux intérêts les plus élevés de la société; il fausse, il pervertit ce grand principe d'égalité, en vertu duquel tous les Français sont admissibles aux emplois publics; et en même temps qu'il peut priver l'État de serviteurs intelligents, il ouvre, par l'appât de l'intérêt pécuniaire, la lice à toutes les intrigues, et met, pour ainsi dire, les emplois publics aux enchères, pour devenir le lot, non du plus capable, mais du plus offrant!... Ne doit-on pas sérieusement craindre que cet *acheteur*, auquel la fonction publique a coûté un prix trop élevé pour ses propres ressources, ne se trouve placé sur une pente funeste et entraîné à des prévarications? » Nous concluons donc en décidant que, sauf les exceptions introduites par la loi de finances du 28 avril 1846, art. 91, il faut prononcer la nullité de toute vente d'une fonction publique, comme de tout engagement d'y renoncer pour y faire parvenir un tiers. Par application des mêmes principes, il faudrait également déclarer nulle la convention par laquelle un citoyen s'engagerait à ne pas remplir certains offices publics, tels que les fonctions de juré ou les devoirs d'électeur. Il n'y a pas lieu de distinguer, suivant que la loi réprime cette négligence du citoyen ou suivant, au contraire, qu'il n'a été édicté aucune sanction pénale.

75. Une seconde difficulté, pleine d'actualité, est celle de savoir si la loi du 12 août 1870, (encore en vigueur aujourd'hui), qui a donné cours forcé aux billets de la Banque de France, contient une disposition d'ordre public annulant nécessairement toute convention contraire.

La loi du 12 août 1870 contient deux articles ainsi conçus : « Art. 1er : A partir du jour de la promulgation de la présente loi, les billets de la Banque de France *seront reçus* comme monnaie légale par les caisses publiques et *par les particuliers*, — Art. 2 : Jusqu'à nouvel ordre, la Banque est dispensée de l'obligation de rembourser ses billets avec des espèces. »

Nous raisonnerons à propos de l'hypothèse suivante :
« Pierre prête à Jacques mille francs en or, à la date du
1ᵉʳ janvier 1873, ou si l'on veut, à la date du 1ᵉʳ juillet
1870 : peu importe, en effet, pour la solution de la question, que le prêt soit antérieur ou postérieur à la promulgation de la loi du 12 août 1870 : au moment du prêt, Pierre
stipule de Jacques que le remboursement aura lieu en
espèces d'or ou d'argent et non en aucune autre valeur ou
papier-monnaie. Néanmoins, au moment du remboursement, la loi sur le cours forcé des billets de la Banque de
France étant en vigueur, Jacques offre à Pierre un billet
de banque de mille francs, avec les intérêts également en
billets de banque. Pierre refuse en s'appuyant sur les
termes mêmes du contrat de prêt, et il veut exiger le paiement, *en or ou en argent*, du capital dû et des intérêts
échus. Laquelle de ces deux prétentions doit triompher ?

La Cour d'appel de Douai, par un arrêt (1) du 8 mars
1872, (Dev. 1872 - 2 - 161 ; D. P. 1872 - 2 - 51 ;
voyez aussi le recueil spécial de jurisprudence de la Cour
de Douai, tome de 1872, p. 5 et suivantes), a jugé que
les lois sur le cours forcé, et notamment la loi du 12 août
1870, ne contenaient pas, par essence, des dispositions
intéressant l'ordre public. De ce principe une fois posé,
la Cour a tiré deux conséquences : 1° la clause par laquelle
on stipule, dans une obligation, que le remboursement aura
lieu en espèces d'or ou d'argent, et non en aucune autre
valeur ou papier-monnaie représentatif du numéraire, dont
le cours, même forcé, serait introduit en France, en vertu
des lois et décrets, est licite, non contraire aux bonnes
mœurs ni à l'ordre public, et non prohibée par la loi ; —
2° pour pouvoir annuler les conventions exigeant le remboursement en or ou en argent et non autrement, il faudrait trouver, dans la loi sur le cours forcé, et notamment

(1) La question est, du reste, pendante devant la Cour de cassation, à laquelle a été déféré l'arrêt de la Cour de Douai du 8 mars 1872 ; la chambre
des requêtes a admis le pourvoi, sur le rapport de M. le conseiller Dagallier et
conformément aux conclusions de M. l'avocat général Babinet. Voyez le journal
le Droit u 13 juin 1872.

dans la loi du 12 août 1870, une nullité textuellement édictée par le législateur lui-même.

La Cour d'appel de Douai s'est ainsi prononcée d'une manière absolue et sans restrictions (1), en s'appuyant surtout sur les quatre motifs suivants :

(1) En dernière analyse, la Cour d'appel de Douai semble accepter, comme point de départ, l'idée suivante : le billet de banque est, du moins d'après l'économie régulière et normale des valeurs, une simple *promesse de paiement à vue* et en espèces sonnantes, souscrite par la banque d'émission : les billets de la Banque de France n'ont point d'autre signification : or, les art. 1 et 2 de la loi du 12 août 1870 n'altèrent, à aucun point de vue, ce caractère de *valeur-promesse*, qui est de l'essence même du billet de banque : ils ajournent seulement l'obligation souscrite par la Banque, de payer en espèces à tout porteur de ces billets. Sans doute, par suite de ces nouveaux principes, le billet, de payable à vue qu'il était, devient payable à la volonté de la Banque de France, et sous une condition purement potestative de sa part ; mais il n'en reste pas moins une valeur éminemment fiduciaire, et nulle puissance au monde ne peut lui retirer ce caractère : car il n'est point, à l'égal de l'or ou de l'argent monnayés, le type et le représentant d'une valeur vraie, égale ou très-voisine de la valeur nominale. — La seule pensée du législateur, telle qu'elle se déduit de l'art. 1er de la nouvelle loi, serait uniquement de faire accepter, par les particuliers et par les caisses publiques, comme monnaie légale, de simples *valeurs-promesses*; mais cette fiction légale ne s'impose aux créanciers que dans les circonstances ordinaires. Peut-être ne pourrait-elle même pas être ébranlée par de simples clauses de style, telles que celles imprimées sur une lettre de change, (espèce précisément prévue par un jugement du Tribunal de commerce de Marseille en date du 7 novembre 1871, Dev. 1871-2-225). Mais ce que la nouvelle loi n'a pas fait, ce qu'une simple clause de style ne pourrait même pas suffire à réaliser, l'adhésion formelle et réfléchie du débiteur peut le rendre praticable : en un mot, le débiteur peut renoncer au bénéfice de la loi sur le cours forcé, comme à tous les autres bénéfices légaux qui lui sont dévolus : or, la Cour a vu dans la clause, parfaitement explicite, qui était soumise à sa haute appréciation, l'intention de la part du débiteur, de renoncer librement, volontairement et en pleine connaissance de cause, à se libérer en billets de la Banque de France, même pour le cas où ces billets viendraient à être rangés plus tard, par la fiction de la loi, dans la classe des monnaies légales : la Cour a été ainsi amenée à valider la stipulation acceptée par les époux Do-Delattre, d'une part à raison de la volonté nettement indiquée des parties, et d'autre part, à raison du silence gardé par la loi du 12 août 1870, laquelle ne frappe pas *textuellement* de nullité les clauses de ce genre. — De tout ceci il résulte que les époux Do-Delattre ont été considérés comme ne pouvant être déliés de leur obligation que par un événement de force majeure, tel que, par exemple, l'impossibilité de trouver, à aucun prix, de l'or ou de l'argent. Celui qui souscrit un engagement réfléchi, (et il appartient aux juges du fait d'apprécier souverainement ce point), de payer en or ou en argent, nonobstant toute loi sur le cours forcé, contracte donc une sorte d'obligation de faire se résolvant en une indemnité, laquelle consisterait dans la valeur de la prime que pourront donner, au jour de l'échéance, les monnaies d'or ou d'argent. Il

1° Cette convention est licite, parce qu'elle n'est pas, par *elle-même*, contraire à l'ordre public, ni aux bonnes mœurs; dès lors, pour qu'une semblable clause pût être invalidée, il faudrait trouver, dans la loi du 12 août 1870, une disposition formelle, analogue à celle de l'art. 4 du décret du 12 septembre 1790, annulant toute convention antérieure contenant stipulation de paiement en or et argent, à l'exclusion des billets de banque : or, tout au contraire, la loi du 12 août 1870 *se borne* à mettre, d'une manière générale, les billets de la Banque de France sur le même pied que la monnaie proprement dite, au point de vue des paiements à effectuer; donc cette loi nouvelle ne porte pas atteinte aux conventions privées portant adoption de telle ou telle matière de paiement;

2° Au point de vue des principes, tout le monde reconnaît que chacun peut valablement stipuler qu'il sera payé en or plutôt qu'en argent, ou bien en argent plutôt qu'en or, ou bien même exclusivement en monnaie de cuivre ; or, les billets de la Banque de France, monnaie fiduciaire, constituent, dans l'usage de la vie pratique, une monnaie comme une autre : donc ils peuvent être l'objet, considérés comme mode de paiement, d'une clause conventionnelle d'adoption spéciale, ou, au contraire, d'exclusion ;

ne peut pas, en effet, entrer dans l'esprit d'un législateur digne de ce nom, la pensée de détruire, par un seul trait de plume, des conventions sérieusement délibérées, et qui doivent faire, au contraire, la loi commune des parties contractantes, aux termes de l'art. 1134 du Code civil : si une loi nouvelle vient détruire, par des motifs d'intérêt public, des conventions antérieures et des droits préexistants, ce ne peut être qu'en admettant de justes compensations au profit des personnes spoliées. Le pouvoir social ne peut pas agir alors par voie de confiscation : il doit, au contraire, prendre la voie de l'expropriation, en accordant, aux termes de l'art. 545 du Code civil, une juste et préalable indemnité. Il s'agit, en effet alors, comme le fait très-justement remarquer M. Ch. Ballot, (*Des effets de la guerre sur le louage, la propriété et les divers contrats*, p. 17), d'un intérêt d'un ordre supérieur, « celui de la valeur et de la stabilité des rapports juridiques entre les membres de la société.... La loi ne peut pas toucher aux faits accomplis, ni aux droits acquis avant elle, parce que ces droits, nés sous la protection de la loi antérieure, ne seraient plus qu'un leurre, s'il était permis, par une loi contraire, de les détruire ou même de les modifier. » Comparez, au surplus, nos observations, à propos de l'arrêt de la Cour de Douai, en date du 8 mars 1872, insérées dans le Recueil spécial de la jurisprudence de cette Cour, année 1872, t. xxx, p. 10 et suivantes.

3° Sans doute, l'art. 475, n° 11, du Code pénal, réprime le refus de recevoir les espèces et monnaies nationales, selon la valeur pour laquelle elles ont cours ; mais cette disposition n'enlève nullement aux créanciers le droit qu'ils puisent dans l'art. 1134, de déterminer en quelles espèces ou monnaies spéciales ils entendent recevoir leur paiement ;

4° L'on a également invoqué les principes généraux du paiement, tels qu'ils résultent de l'art. 1243, ainsi conçu : « Le créancier ne peut être contraint de recevoir une autre chose que celle qui lui est due, quoique la valeur de la chose offerte soit égale ou même plus grande. » Donc, le débiteur d'une somme d'or ou d'argent ne peut jamais forcer le créancier à recevoir en paiement des valeurs en papier, par exemple, des billets de banque. Comparez l'art. 143 du Code de commerce.

75 *bis.* Nous pensons, au contraire, que toute loi sur le cours forcé des billets de la Banque de France, (et notamment la loi du 12 août 1870), est une loi intéressant l'ordre public, à laquelle par suite, il est interdit de déroger par des conventions privées. Sous l'empire de semblables lois, les particuliers et les caisses publiques sont obligés de recevoir les billets de banque comme une monnaie légale.

Par conséquent, si Pierre a prêté à Jacques mille francs, même en or ou en argent, Jacques sera quitte en remboursant bien exactement mille francs en billets de banque. L'on ne pourra pas exiger de lui de la monnaie d'or ou d'argent. Toute convention de ce genre, antérieure ou postérieure à la loi sur le cours forcé en vigueur au moment du remboursement, devra être considérée comme nulle et non avenue.

Nous avons consacré au développement de cette doctrine une brochure intitulée : *La loi du 12 août 1870 et le Cours forcé* des billets de la Banque de France, (*Extrait de la Revue pratique*, t. XXXII, p. 426 et suiv.), et une dissertation complémentaire insérée dans le Recueil spécial de la jurisprudence de la Cour d'appel de Douai, année 1872, t. xxx, p. 8 à 26. Nous nous bornerons donc ici à résumer les motifs de notre solution : ces motifs peuvent être ramenés aux quatre suivants :

1° Quant aux textes, la loi du 12 août 1870, comme toutes les lois du même genre, impose le *cours forcé* des billets de la Banque de France : il est dès lors impossible aux conventions privées de rejeter dans le domaine du libre arbitre, une acceptation de billets que le législateur a voulu placer dans le domaine de l'obligation stricte ;

2° Quant aux principes fondamentaux du droit, les art. 6, 1131, 1133, 1172, etc., décident formellement que la justice doit prononcer la nullité de toute convention contraire à l'ordre public et à l'intérêt général. Or, la loi du 12 août 1870 est une loi intéressant l'ordre public : c'est notre troisième argument ;

3° Considérée, en effet, dans ses caractères essentiels, toute loi sur le cours forcé des billets de la Banque de France est une mesure de salut public, dont l'observation est absolument indispensable et d'une nécessité impérieuse. Cela a été, du reste, répété à satiété au moment du vote d'urgence de la loi du 12 août 1870, qui intervenait, durant la guerre désastreuse de la France avec la Prusse, à un moment où la situation était déjà singulièrement compromise, le crédit français entamé, toutes nos ressources engagées ;

4° Enfin, il ne faut pas oublier que la clause de paiement en or ou en argent et non autrement, est devenue à peu près de style dans tous les contrats de vente, de bail, de prêt ou autres; cette clause tendra à se généraliser désormais, d'autant plus que chacun a ressenti, depuis quelque temps, plus ou moins, les inconvénients du paiement en papier-monnaie. Il est donc essentiel, au point de vue pratique, d'arrêter l'effet de clauses qui, en se multipliant, aboutiraient à frapper de stérilité et à rendre complétement inutile toute loi sur le cours forcé.

Nous concluons donc en disant que, sous l'empire de la

loi du 12 août 1870, comme sous l'empire d'ailleurs de toute loi établissant le cours forcé des billets de la Banque de France, ces billets deviennent une monnaie légale, qu'il n'est plus *facultatif*, mais obligatoire, de recevoir comme telle. En effet, aux termes de l'art. 475, al. 11, du Code pénal, il est interdit, sous peine d'amende, à tout créancier, « de refuser la réception des espèces et monnaies nationales, non fausses ni altérées, selon la valeur pour laquelle elles ont cours : » or, nous supposons qu'une loi sur le cours forcé a donné, par des motifs impérieux de nécessité sociale, aux billets de la Banque de France un cours *obligatoire*, équivalent et de tous points semblable à celui des espèces qui ont cours légal : donc, tout créancier est strictement obligé d'accepter les paiements à lui proposés en billets de banque, sans pouvoir invoquer aucune stipulation contraire, les clauses de ce genre, bien qu'elles soient valables en temps ordinaire, tombant actuellement, à raison du caractère d'ordre public de la loi sur le cours forcé, sous le coup des nullités de droit commun textuellement édictées par les art. 6, 1131, 1133, 1172, etc., du Code civil. L'on ne peut, sur ce point, tirer aucune objection concluante de la combinaison des art. 1134, 1243 du Code civil, et 143 du Code de commerce. En ce sens, Aix, 23 novembre 1871, (D. P. 1872-2-51 ; Dev. 1872-2-162) ; — motifs de l'arrêt de la Cour de cassation du 7 avril 1856, (Dev. 1857-1-103 et 104 ; D. P. 1856-1-217) ; M. Demolombe, t. xxvii, nᵒˢ 258 à 262, (t. iv des *contrats*) ; — M. Boissonade, *Revue de législation française et étrangère*, 1872, p. 558.

75 *ter*. Il y a toutefois une face particulière de la difficulté à laquelle il convient, pour être complet, de nous arrêter un instant, d'autant plus que notre éminent collègue de la Faculté de droit de Paris, M. J.-E. Labbé, vient de consacrer à son examen une remarquable dissertation insérée dans le recueil de MM. Sirey, Devilleneuve et Carette, tome de 1872-2-161. Nous supposerons donc l'hypothèse pratique suivante : une ferme est vendue moyennant trente mille francs, ou encore un prêt de trente mille francs

est effectué, avec addition de la clause suivante, quant au paiement du prix de vente ou quant au remboursement de la somme prêtée : « L'acquéreur (ou l'emprunteur) paiera son prix de vente (ou remboursera la somme empruntée) en or ou en argent et non autrement. Toutefois, s'il veut profiter des dispositions d'une loi sur le cours forcé, pour effectuer son versement en billets de banque, il devra fournir, à titre de supplément de prix, la somme jusqu'à concurrence de laquelle l'or ou l'argent feraient prime au moment du paiement : cette somme pourra du reste, alors, être elle-même soldée en billets de la Banque de France. » Nous admettons que cette clause a été, en fait, sérieusement méditée et souscrite, après mûre réflexion, par les parties contractantes. Lorsque l'heure du paiement aura sonné, l'emprunteur pourra-t-il, l'acquéreur pourra-t-il également se contenter, après avoir soldé intégralement les intérêts échus, d'apporter trente billets de la Banque de France de mille francs, en refusant de tenir compte (1) de la différence des cours ? ou bien pourra-t-il être judiciairement contraint à exécuter la clause de son contrat, en tenant compte de la différence des cours ? La question peut présenter un grand intérêt, si l'écart entre la valeur réelle de la monnaie d'or et d'argent et la valeur nominale des billets de banque est considérable, si, par exemple, l'or fait prime jusqu'à concurrence de vingt francs par billet de mille francs, comme cela est arrivé dans les premiers mois de l'année 1872.

M. Labbé, dans sa savante dissertation, (Dev. 1872-2-461), maintient la validité de la clause particulière dont il s'agit ; et il explique, ainsi qu'il suit, le système de la loi du 12 août

---

(1) M. Demolombe, t. xxvii, n° 262, (t. iv du *Traité des contrats*), paraît bien admettre la nullité de la clause dont il s'agit ici, en généralisant la disposition de l'art. 1895. Le savant jurisconsulte, en effet, après avoir dit, au n° 259 *in fine*, que, « dans le cas où le paiement doit être fait en monnaies françaises, il n'est pas permis de stipuler que la monnaie française, avec laquelle le paiement aura lieu, sera prise pour une *valeur* supérieure ou inférieure à sa valeur légale, » s'empresse d'ajouter au n° 262, que, tout ce qu'il vient de dire de la monnaie métallique, doit être appliqué au papier-monnaie, lorsque le législateur attribue le cours forcé à une valeur en papier.

1870 : « Cette loi, dit-il, est impérative en ce qu'elle établit le cours forcé des billets de banque, en ce qu'elle ordonne de recevoir les billets de banque comme une monnaie légale. Elle déroge à cet égard, *par des motifs d'ordre public*, au droit antérieur ; car il était auparavant de jurisprudence constante que les billets de la Banque de France ne se recevaient que de gré à gré dans les paiements. (V. avis du Cons. d'Etat des 12-30 frim. an xiv ; Cass. 7 avril 1856). (S. 1857-1-103. — P. 1856-2-267) ; (Aubry et Rau, t. iv, § 313, texte et notes 7 à 9). Mais la loi du 12 août 1870, conforme en ce point au droit commun, permet aux parties de *régler différemment la somme* à payer, suivant que le paiement se fera en or, en argent ou en papier. Elle laisse, en d'autres termes, aux parties le soin et le pouvoir de fixer l'objet et l'étendue de leurs obligations. Convenir qu'un paiement se fera en or ou en argent, c'est faire une convention valable, en ce sens que si le paiement s'effectue en billets de banque, la *somme* devra être *augmentée, d'après la différence des cours*, de telle sorte que le créancier puisse se procurer de la monnaie d'or ou d'argent. »

Nous avions nous-même admis ce tempérament dans le dernier alinéa de notre Etude sur la loi du 12 août 1870, (Voyez brochure, p. 23 *in fine* et 24) ; nous inclinions à considérer comme valable la clause qui forme actuellement l'objet de notre examen, sans distinction entre le cas où cette clause serait intervenue dans un contrat passé *avant* la promulgation de la loi sur le cours forcé, et le cas où elle aurait été introduite dans une convention conclue seulement *après* cette promulgation.

Nous avons particulièrement développé les motifs de notre adhésion à cette restriction, dans la dissertation complémentaire annexée à l'arrêt de la Cour d'appel de Douai du 8 mars 1872, et insérée dans le recueil spécial de la jurisprudence de cette Cour, (année 1872, t. xxx, p. 8, et surtout p. 22 et suivantes), en répondant à trois objections fort sérieuses qui nous avaient été proposées par notre éminent confrère du barreau de Douai, M. de

Beaulieu, et par notre savant collègue de la Faculté de droit, M. Alglave :

a. — D'abord, nous disait-on, une semblable concession de fait ruine entièrement la doctrine principale : de deux choses l'une, en effet : ou bien la loi du 12 août 1870 n'est pas d'ordre public, et alors il faut accepter, dans toute sa généralité, l'arrêt rendu par la Cour d'appel de Douai, à la date du 8 mars 1872 : — ou bien la loi du 12 août 1870 est vraiment une loi d'intérêt général et d'ordre public, et alors il ne peut point être permis aux particuliers d'y déroger, soit directement, soit indirectement, soit au point de vue des détails d'application, soit au point de vue du principe fondamental, à l'aide de certaines habiletés de rédaction dans les clauses des contrats. — Nous avons répondu que la clause par nous visée ne place, à aucun point de vue, les parties contractantes en antagonisme avec la loi sur le cours forcé. Que dit cette loi? C'est que tout paiement pourra être fait en billets de la Banque de France. Eh bien, la convention pratique à laquelle nous nous référons, constitue tout simplement une stipulation accessoire portant surélévation du prix. Le paiement n'en aura pas moins lieu, au gré du débiteur, en billets de banque, comme le veut la loi nouvelle : seulement, il faudra alors ajouter une somme proportionnelle au chiffre de la dépréciation du papier-monnaie, de même qu'en droit commun, un débiteur peut parfois être forcé de payer des intérêts ou de remettre certains objets en nature, en outre de l'acquittement du principal de la dette. La somme accessoire pourra, du reste, être elle-même soldée en billets de banque. Comparez l'art. 1243 du Code civil, et l'art. 143 du Code de commerce.

b. — L'on insistait alors, et l'on nous disait : La loi du 12 août 1870 sur le cours forcé des billets de la Banque de France a un triple objet : 1° elle assimile les billets de la Banque à la monnaie proprement dite ; — 2° elle impose aux particuliers et aux caisses publiques l'obligation de les recevoir en paiement ; — 3° *elle les accepte pour leur va-*

leur nominale , et elle soumet le public à la nécessité de
recevoir cette valeur nominale comme représentation *exacte*
et adéquate de la somme inscrite sur le billet, sans qu'il y
ait lieu d'examiner dans quelle mesure l'or et l'argent pourraient faire prime au moment du paiement. Sous l'empire
de ces règles particulières aux temps de crise, un billet de
cent francs vaut cent francs en or, quand même l'on sup-
poserait, en fait, l'or faisant prime jusqu'à concurrence de
vingt francs par mille, comme cela est arrivé dans les premiers mois de l'année 1872. — Cette objection est assurément très-forte : pourtant ne peut-on pas répondre que,
du moins, la loi sur le cours forcé ne peut pas empêcher
un particulier de louer sa ferme ou de vendre sa maison
plus ou moins cher à son gré, suivant les oscillations de
l'offre et de la demande ; or, précisément, celui qui vend
sa maison mille francs, en stipulant que, dans le cas où il
serait payé en billets de banque, on lui remettra mille dix ou
mille vingt francs, suivant l'état des primes, nous semble
introduire dans son contrat une clause parfaitement licite,
et cette surélévation du prix doit être maintenue toutes les
fois qu'elle aura été souscrite par l'acheteur ou le preneur
à bail d'une manière parfaitement réfléchie et en complète
connaissance de cause. L'objection de nos honorables con-
tradicteurs ne tend à rien moins qu'à porter atteinte à la
liberté (1) des contrats de vente et de bail, et il nous est

(1) Il y a des choses, dit fort judicieusement M. Labbé, (Dev. 1872-2-161,
colonne 2ᵉ), que le législateur ne doit pas « entreprendre, parce qu'il ne peut
pas les accomplir. Il fixe la monnaie, il détermine ce qui sera monnaie ; il
lui attribue un titre numérique indispensable pour son usage ; mais il ne peut
pas lui conférer *arbitrairement* une valeur plus ou moins considérable....
Sans doute, les lois révolutionnaires ont prétendu faire accepter le papier-
monnaie de l'époque pour sa valeur nominale : elles ont épuisé, dans ce but,
leurs menaces et leurs rigueurs ; mais elles ont échoué. La loi sur le *maximum*
du prix des denrées les plus nécessaires en est le déplorable aveu et nous
montre qu'entre les chimères que le législateur peut entreprendre de réaliser,
celle du prix maximum des choses vénales est moins irréalisable et plus pratique que celle du papier-monnaie imposé pour sa valeur nominale. » Il importe de lire, dans son entier, cette remarquable dissertation de M. J.-E.
Labbé, qui emprunte, au nom de l'auteur, une légitime autorité et à la puissance de l'argumentation une force considérable. Peut-être reconnaîtra-t-on, si

impossible de supposer une telle intention aux rédacteurs de la loi du 12 août 1870.

c. — Mais, ajoutait-on, cette règle avait bien été posée cependant par l'art. 4 du décret des 16, 17 avril 1790 et par l'art. 4 d'un autre décret des 12, 18 septembre 1790. Sous l'empire de ces lois, le vendeur et le bailleur étaient certainement forcés d'accepter les assignats pour leur valeur nominale, malgré la disproportion énorme qui se produisit bientôt entre cette valeur nominale et la valeur effective ; alors une convention du genre de celle visée plus haut n'aurait pas pu être maintenue. Nous répondons que ces décrets dont le fonctionnement pratique a tant de fois abouti à des spoliations déguisées, n'ont jamais été considérés comme un idéal à proposer ni surtout comme l'expression d'un principe supérieur, dont on puisse virtuellement supposer l'existence dans de nouvelles lois, d'ailleurs muettes en ce sens ; or, telle est précisément la situation sous l'empire de la loi du 12 août 1870 ; cette loi ne tend, ni dans son texte, ni dans son esprit, à obliger les particuliers à recevoir *nécessairement* comme valant cent francs, un chiffon de papier qui, en fait, vaudrait seulement cinquante centimes ; son but unique, c'est de rendre obligatoire momentanément la circulation des billets, et de dispenser la Banque de France de l'obligation de rembourser à vue ses billets avec des espèces. Quant à la question de savoir si les particuliers vendront ou loueront plus ou moins cher, si, sous forme de stipulation de primes, ils transmettront à des tiers la propriété ou la possession de tel ou tel bien pour mille francs ou pour mille vingt francs, c'est une question soumise, aujourd'hui comme autrefois, à la libre initiative des contractants, et à l'égard de laquelle leur indépendance n'est nullement altérée. Les tribunaux n'ont alors à examiner que le point de savoir si les parties ont traité librement, et

l'on daigne rapprocher de cette savante étude l'alinéa qui termine notre travail antérieur sur le même sujet, que le dissentiment, entre notre opinion et celle soutenue par M. Labbé, n'est qu'apparent. Voyez, d'ailleurs, les explications que nous donnons à ce sujet, dans le présent *appendice*, nº 75 *ter*.

si le contrat n'est pas entaché d'usure, ou, en matière de vente d'immeubles, de lésion de plus des sept douzièmes (art. 1674). Il faut, ici comme partout, principalement dans les circonstances pénibles que nous traversons, maintenir la suprématie du droit sur l'arbitraire, et le respect de la foi promise, d'autant mieux que les lois spoliatrices disparaissent bien vite, emportées par la réprobation générale, et sont même bien facilement éludées, à l'époque de leur plus fougueuse affirmation; nous voyons, pour notre part, un moyen bien aisé d'échapper, du moins en matière de bail, à l'application des principes, rigoureux à l'excès, auxquels l'on nous propose de nous arrêter; les particuliers pourront, en effet, en louant une maison ou une ferme, introduire dans le contrat de bail des stipulations alternatives de paiement en or, argent ou billets, et de prestations en nature, calculées de manière à être parfaitement équivalentes à la valeur réelle d'une somme d'or, prise comme type. Pierre, par exemple, en donnant sa ferme à bail à Paul, lui dira : je fixe le prix de la location à quatre mille francs ; seulement, si cela me convient, en vous prévenant six mois à l'avance, je pourrai prendre en paiement, au lieu d'or ou d'argent, ou au lieu de billets de banque, tant de bestiaux, ou tant de blé, ou tant de betteraves, etc. Eh bien, si cette clause est acceptée par le fermier, ne devra-t-elle pas être maintenue par les tribunaux ? Et cependant, s'il arrive une loi sur le cours forcé, il est certain qu'en usant ou en menaçant le fermier d'user de la faculté d'exiger les prestations en nature, le bailleur arrivera à éluder toute loi générale et d'ordre public, l'obligeant à recevoir des billets de la Banque de France, ou surtout des assignats dérisoires. Revenons donc aux vrais principes ; et prenons la loi du 12 août 1870 dans ses termes, sans en atténuer arbitrairement, mais aussi sans en exagérer la portée. Cette loi veut le cours forcé des billets de la Banque de France; donc, tant qu'elle restera en vigueur, tout paiement quelconque pourra être effectué en billets ayant cours, et en règle générale du moins, jusqu'à concurrence de la valeur nominale pour laquelle ils ont cours. Les particuliers ne pourront pas, par des conventions contraires, se dispenser de recevoir ces billets ; mais ils pourront toujours, par application de l'art. 1134, vendre ou louer plus cher leurs biens, en prévision des dépréciations possibles des monnaies ayant cours. Les tribunaux auront alors uniquement à examiner si le consentement a été libre et éclairé, et si le contrat n'est pas, à quelque point de vue, entaché d'usure ou vicié par une lésion illégale.

Cette solution, avec le tempérament que nous persistons à y apporter, nous paraît concilier les exigences de l'intérêt général, avec la faveur due aux intérêts privés. L'on voit dès lors combien notre doctrine se rapproche de celle soutenue, avec tant de talent, par M. J.-E. Labbé. Nous admettons, avec notre éminent collègue de la Faculté de droit de Paris, que la loi du 12 août 1870 oblige les particuliers, comme les caisses publiques, à recevoir les billets de la Banque de France comme une monnaie légale : la loi nouvelle transforme ainsi en une *obligation* stricte, ce qui auparavant constituait une pure faculté. Mais la loi du 12 août 1870 n'empêcherait pas des citoyens de stipuler que, si un paiement est effectué entre leurs mains en billets de banque, il y aura lieu, de la part du débiteur, de tenir compte de la différence des cours, en fournissant, à titre de complément, la somme jusqu'à concurrence de laquelle l'or ou l'argent seraient prime. La seule différence entre la théorie de M. Labbé et la nôtre consiste en ceci, que M. Labbé voit, *de plein droit*, dans toute convention de paiement *en or ou en argent et non autrement*, la preuve de l'intention de la part des parties de se tenir compte réciproquement de la différence des cours : l'art. 1157 du Code civil sert, sans doute, de point de départ à cette interprétation. Nous, au contraire, nous inclinons à penser qu'une clause conventionnelle, sérieusement méditée et souscrite, serait nécessaire pour permettre aux tribunaux d'arriver à cette conclusion. Il existe donc finalement, entre le système de M. Labbé et notre solution, une divergence plutôt sur une nuance pratique, que sur le fond des choses : car nous reconnaissons aux tribunaux la faculté de rechercher la vraie volonté des parties dans la comparaison des différentes clauses de l'acte de prêt, de vente ou de bail : ce que nous voulons seulement, c'est que leur intention se révèle d'une manière claire et manifeste : nous exigeons une volonté ferme et réfléchie.

76. Ces applications nous paraissent suffire amplement à démontrer en quoi consistent les caractères distinctifs d'une loi d'ordre public. Nous devons maintenant préciser ce qu'il faut entendre par « *lois qui intéressent les bonnes mœurs*, » au point de vue de l'interprétation de l'art. 6 du Code civil : comparez les art. 900, 1131, 1133, 1172, etc.

Il faut commencer par distinguer soigneusement les bonnes mœurs dans le sens de la religion et de la morale, d'avec ce qu'on l'on appelle les bonnes mœurs dans le sens du droit et de la loi. La législation n'est pas un cours de morale transcendante : elle ne s'occupe pas des mœurs au point de vue de la perfection idéale ; elle en détermine et en consacre seulement les règles essentielles et indispensables au point de vue utilitaire et social.

Guidé, avant tout, par ce *criterium* suprême de l'utilité et de la nécessité sociales, le législateur n'a à tenir compte, ni des exigences religieuses, ni des aspirations de la philosophie, dont les délicatesses peuvent être infinies et les variations sans nombre. Il lui suffit de ne point se mettre en contradiction avec les principes fondamentaux d'éternelle justice et de vérité immuable.

En un mot, le législateur de chaque temps et de chaque pays consacre et sanctionne seulement celles des règles de la morale qui sont universellement acceptées par la conscience humaine des contemporains. Dès lors, la morale légale est essentiellement progressive, comme la société elle-même : « Il y a, dit avec raison M. Laurent (*Principes de droit civil*, t. i. p. 90, n° 56 *in fine*), à chaque époque de la vie de l'humanité, une doctrine sur la morale que la conscience générale accepte, sauf des dissidences individuelles qui ne comptent pas. En ce sens, on peut dire qu'il y a toujours une morale publique : les conventions contraires à cette morale seront, par cela même, contraires aux bonnes mœurs, et, comme telles, frappées de nullité. »

Nous considérons donc comme des lois *intéressant les bonnes mœurs*, dans le sens de l'art. 6, les lois qui proclament (ou dans leur ensemble, ou bien en les envisageant seulement au point de vue de quelqu'une de leurs applications pratiques), celles des règles de la morale que le législateur d'un temps et d'un pays a voulu faire entrer dans le domaine du Droit, en les consacrant soit d'une manière expresse, soit au moins implicitement, parce que, d'après l'état contemporain de la conscience humaine, il en jugeait l'observation indispensable à la bonne harmonie de la société.

Veut-on, dès lors, savoir si telle ou telle loi intéresse les *bonnes mœurs*, et si elle relève, à ce titre, de l'art. 6 du Code civil ? — L'on devra d'abord examiner si le législateur a expressément manifesté sa volonté en ce sens, en édictant une nullité formelle : voyez, par exemple, les art. 146, 161, 162, 163, 184, 215, 374, etc. — Si le législateur s'est contenté de formuler une règle de morale, sans prononcer textuellement la nullité des actes qui seraient en contradiction formelle avec cette règle, il faudra suppléer au silence de la loi, en étudiant les travaux préparatoires, l'origine, les motifs et le but de la disposition, les circonstances qui l'ont fait édicter, etc. Il n'est point douteux, par exemple, qu'il faudrait déclarer nulles les conventions qui auraient pour but d'écarter l'application des art. 203, 205, 212, 213, 214, 371, 372 et autres textes analogues. — Enfin, l'on devra rechercher si, considéré en lui-même et dans sa nature intime, le principe de morale auquel il a, en fait, été dérogé (alors cependant qu'il était soit explicitement, soit implicitement du moins, consacré par un texte de loi), se prêtait à une évaluation en argent. Il est clair que nous devrions déclarer nulle, par application de l'art. 6 du Code civil, la convention (dont la pratique n'est pas sans offrir quelques exemples), par laquelle un mari dispenserait sa femme de demeurer avec lui, et consentirait à prix d'argent à la laisser habiter en communauté avec un autre homme. Cette convention est, en effet, attentatoire à la morale publique, et le scandale social qui en est la conséquence nécessaire empêche qu'il ne puisse y avoir une valable estimation en argent de l'importance de la concession faite au point de vue de l'intérêt privé et du droit de cohabitation consacré par l'art. 214 du Code civil.

77. Nous allons, du reste, présenter quelques autres applications pratiques, de nature à faire saisir nettement la portée des principes que nous venons de poser. Parmi ces applications, les unes sont certaines et acceptées unanimement par la doctrine et la jurisprudence ; les autres sont sujettes à controverse.

78. L'on s'accorde, d'abord, à reconnaître comme rentrant dans la sphère d'action de l'art. 6 du Code civil :

1° Toutes les lois pénales, notamment celles qui répriment les attentats aux mœurs, les outrages publics à la pudeur, le viol, l'adultère, l'excitation des mineurs à la débauche, etc. : voyez les articles 330 et suivants du Code pénal.

2° Il en est de même des lois qui répriment le jeu : voyez les articles 1965 à 1967 du Code civil. Comparez *suprà*, nos 57 et 58.

79. Nous passons immédiatement à l'examen de deux questions controversées, qui achèveront de mettre notre théorie en lumière. L'on comprend aisément que nous ne cherchions pas à multiplier davantage les exemples : car l'étude à laquelle nous nous livrons est celle, en définitive, de toute la science du droit ; l'on rencontre, dans presque tous les Codes, des règles, en plus ou moins grand nombre, intéressant les bonnes mœurs : quelquefois même, des distinctions deviennent nécessaires pour faire, dans le même sujet et à propos de la même question, la part du droit public, auquel nul ne peut déroger, et celle du droit privé, qui admet toutes sortes de modifications conventionnelles,

aux termes de l'art. 1134 du Code civil. Voyez, au surplus, les nombreuses hypothèses étudiées par M. Demolombe dans le tome premier de son *Traité des donations entre-vifs et des testaments*, (t. xviii), n°⁵ 193 à 320, et dans le tome premier de son *Traité des contrats*, (t. xxiv), n°⁵ 299 à 382.

80. La première question, qui se présente à notre examen, est celle de savoir s'il faut considérer comme valable, ou s'il faut au contraire, annuler l'engagement pris, *d'une manière absolue*, par un homme ou une femme, de ne pas user des lois qui permettent le mariage, (art. 144 et suiv. Cod. civ.).

Nous n'hésitons pas à considérer une semblable convention comme nulle et reposant sur une cause illicite. D'une part, en effet, elle est contraire à l'intérêt général de l'Etat et de la société, qui reposent sur le mariage légitime et sur la famille; d'autre part, elle peut jeter dans la voie des déréglements et du désordre ceux dont elle enchaîne ainsi la liberté imprudemment et sans réserves. Il est remarquable, du reste, que telle était la solution du droit romain : voyez la loi 22, au Digeste, liv. xxxv, tit. 1er, *de conditionibus et demonstrationibus*. Il est certain, du reste, comme le fait remarquer fort justement M. Demolombe, t. xviii, n°⁵ 239 et suivants, que les conditions relatives à la faculté de se marier, peuvent se présenter, dans la pratique, sous une foule de formes différentes, susceptibles de faire varier, dans certains cas, les doctrines à adopter.

81. La seconde question consiste à rechercher si l'engagement contracté par un homme envers une femme, avec laquelle il vit en concubinage notoire, ou avec laquelle il entretient des relations moralement coupables, doit être tenu pour valable, ou, au contraire, annulé, en vertu des art. 6, 1131 et 1133 du Code civil, comme ayant une cause illicite.

La jurisprudence et la doctrine s'accordent, en pareil cas, à poser une distinction fort sage :

S'agit-il d'abord d'obtenir les relations, de les faire commencer ou de les faire durer ? — La convention doit être déclarée nulle comme attentatoire à la morale sociale. En ce sens, Cass. 26 mars 1860, (Dev. 1860-1-321 à 325).

S'agit-il, au contraire, d'un acte de réparation consenti envers une femme compromise en fait, ou s'agit-il de la création d'une pension au profit d'un enfant né de relations hors mariage ? — La jurisprudence et la doctrine admettent la validité d'un semblable contrat, qui constitue le juste dédommagement d'un préjudice évident causé par une faute. En ce sens, Cass. 26 juillet 1864, (Dev. 1865-1-33 à 40) ; voyez aussi la remarquable dissertation consacrée à cette question par M. Laurent, lequel envisage la difficulté sous toutes ses faces, dans le tome quatrième de ses *Principes de droit civil*, p. 132, n°⁸ 90 et suivants.

82. Ces développements nous paraissent suffisants pour bien faire saisir la portée de l'art. 6 du Code civil, soit en ce qui concerne les lois intéressant l'ordre public, soit en ce qui touche les lois intéressant les bonnes mœurs. Il est certain, du reste, qu'en cette matière plus qu'en toute autre, le rôle du magistrat grandit et s'élève presque au niveau des pouvoirs du législateur lui-même : car le champ de la libre appréciation est ici presque sans limites.

83. Est-ce à dire pourtant qu'il faille aller jusqu'à reconnaître, à propos des questions d'ordre public ou de bonnes mœurs, aux tribunaux ordinaires, une indépendance complète, sans aucun contrôle possible de la part de la Cour de cassation? Nous ne croyons pas qu'il en soit ainsi : lorsque les juges de droit commun décident que telle ou telle convention est contraire à l'ordre public et aux bonnes mœurs, ils procèdent évidemment à la *qualification juridique* de cette convention, et par conséquent ils rendent une véritable décision de droit, susceptible d'être déférée à l'appréciation souveraine de la cour suprême. Comparez Cass.-civ. 3 mars 1869, (Dev. 1869-1-149) ; M. Demolombe, *Traité des donations entre-vifs et des testaments*, t. 1, n° 235, (t. xviii des *OEuvres complètes*) ; — M. Alglave, *Définition de l'ordre public* en matière civile, *(Revue pratique,*

1868, t. xxv, p. 486 et suivantes). Soutenir, en thèse générale, que les décisions judiciaires, rendues sur la question de savoir si une loi intéresse ou n'intéresse pas l'ordre public ou les bonnes mœurs, soutenir, disons-nous, que ces sortes de décisions doivent *toujours* être considérées comme des solutions en point de fait, non susceptibles de donner *jamais* ouverture à la cassation, ce serait imposer aux magistrats des cours et des tribunaux ordinaires une prérogative pleine de périls et contraire aux vœux du législateur. Suivant la judicieuse remarque de Montesquieu, *(Esprit des lois*, liv. xi, chap. 6), les lois qui protègent le mieux la liberté et l'indépendance des citoyens sont celles qui laissent le moins de place à l'arbitraire du juge. C'est en ce sens qu'un vieil adage disait : *Optima lex quæ minimum judici.*

84. M. Dalloz aîné, cherchant à préciser le véritable rôle de la Cour de cassation, dans de semblables matières, s'exprime de la manière suivante : « En défendant, dit-il (1), à la Cour de cassation de connaître jamais du fond des affaires, la loi attribue par cela même aux tribunaux et aux cours d'appel le droit d'apprécier souverainement les faits et les circonstances matérielles des actes et contrats, de constater leur existence, la volonté ou l'intention des parties, etc. — Voilà un premier point incontestable. — Mais ce pouvoir souverain de constatation va-t-il jusqu'à conférer aux juges du fond le droit d'apprécier également, d'une manière discrétionnaire, les actes et contrats *dans leurs rapports avec la loi*, jusqu'à leur conférer le droit de donner arbitrairement à ces faits et contrats une *qualification légale* quelconque, sans que leur décision puisse encourir jamais la censure de la Cour suprême ? — C'est ici que la difficulté se révèle, et qu'on commence à s'apercevoir de l'insuffisance du principe posé par le législateur...

» S'il s'agit soit d'annuler un contrat, soit d'en créer un, il faut que les termes de la convention écrite ou ver-

<hr>

(1) *Répertoire de législation, de doctrine et de jurisprudence*, verbo *Cassation*, nᵒˢ 1206 à 1210, t. vii, p. 304 et 305.

bale soient certains. C'est à cette convention que la loi doit être appliquée. La convention doit donc être connue. Autrement, comment la Cour de cassation sera-t-elle à même de remplir sa mission légale ? — Ceci amène bientôt la distinction entre le fait et le droit. Le juge déclarera le fait ; il dira ce qui s'est passé ; il appliquera ensuite le droit. Au premier cas, sa décision sera irréfragable ; dans le second, elle pourra être contrôlée par la Cour suprême. Si les conséquences légales données aux faits sont fausses ou vicieuses, si le juge a fait ou détruit un contrat en s'étayant de circonstances, de preuves, d'allégations auxquelles la loi ne reconnaissait pas ce pouvoir, sa décision sera cassée. En effet, *le droit des tribunaux de rechercher dans les actes l'intention des parties ne peut s'étendre, selon nous, jusqu'à changer la nature et l'essence des contrats, ni jusqu'à en faire résulter un acte différent de celui caractérisé par la loi.*

» *Le principe de l'institution de la Cour suprême ne lui interdit donc pas d'apprécier les éléments d'un acte, et de voir dans ces éléments d'autres caractères que ceux qu'une cour royale lui aurait attribués.* — Qu'un arrêt, après avoir reconnu qu'un acte qui lui est soumis présente les caractères constitutifs de tel ou tel contrat, par exemple un consentement, une chose et un prix, qui sont les trois conditions essentielles et constitutives de la vente, déclare néanmoins que cet acte n'est point une vente, et lui donne les effets d'un autre contrat, il est indubitable que, dans ce cas, il n'y a pas seulement fausse appréciation d'acte et mal jugé évident, mais encore violation des principes et des dispositions du Code civil, qui définissent le contrat de vente et le font consister dans le consentement des parties sur la chose et sur le prix.... Si, au contraire, les faits ayant été exactement constatés, la qualification légale que le juge leur aura attribuée paraît à la Cour rentrer dans la lettre et dans l'esprit de la loi, elle maintiendra cette application en rejetant le pourvoi....

» Ce système place chaque juridiction dans ses attributions ; il empêche que l'institution de la Cour de cassation, et par suite la volonté du législateur, ne soient paralysées au gré des juges du fond ; il laisse, d'un autre côté, à ceux-ci, la carrière la plus étendue dans le domaine des faits. — Enfin, il ne paraît pas moins fécond dans ses conséquences ; car il investit du droit de qualifier les actes, les faits et les contrats dans leurs rapports avec les lois, celui des pouvoirs de l'État à qui cette mission a été spécialement confiée, pour la conservation du principe d'unité dans la législation. — Quant à la crainte qu'une extension trop grande ne soit donnée par là aux attributions de la Cour suprême, elle disparaît devant cette considération que cette Cour n'est investie que d'une sorte de droit de *veto*, qu'elle ne juge jamais le fond du litige, et qu'elle est enchaînée par les appréciations de fait des cours d'appel, non moins qu'elle ne l'est aux principes, par le caractère élevé de sa mission. — C'est donc à la Cour de cassation, tribunal placé à l'abri de l'influence que les faits peuvent exercer, qu'il est particulièrement donné d'imprimer ce mouvement uniforme dans la jurisprudence....

» Ajoutons, en terminant sur ce point, que c'est des arrêts d'un tribunal unique, que c'est de la cour régulatrice seule que les règles de la jurisprudence doivent émaner, et non des décisions sans cesse divergentes et presque sans autorité au delà de leur ressort, de cette foule de tribunaux qui couvrent le territoire. Sans doute, rien n'est si difficile que de donner à chaque acte, à chaque contrat, à chaque délit, ou quasi-délit, la qualification légale qui lui appartient ; mais plus la tâche est difficile, plus elle réclame l'intervention de juges du premier mérite, de jurisconsultes d'une longue expérience, d'hommes, en un mot, qui, par les travaux de leur vie, par leurs méditations, par leurs lumières, non moins que par leur position sociale, sont en quelque sorte associés à la pensée du législateur. »

Plus loin (1), M. Dalloz aîné ajoute :

(1) Nos 1580, 1581 et 1583, p. 388 et 381.

« C'est une règle généralement accréditée et qui prend sa base dans les lois organiques de la Cour de cassation, que le droit d'apprécier les actes et les contrats, les faits et les circonstances, rentre dans le domaine des juges du fond. Mais quelle est la portée, l'étendue de ce droit d'appréciation ?

» Une première distinction a été faite entre la constatation matérielle des faits et les conséquences légales données à ces faits. S'il est incontestable que les tribunaux du fond ont un pouvoir souverain et exclusif pour vérifier et constater les faits et les actes, *il ne doit pas leur être permis de les qualifier arbitrairement dans leurs rapports avec les lois*. Autrement la mission de la Cour suprême de faire respecter la loi et de maintenir l'uniformité de la jurisprudence dans tous les tribunaux du royaume serait d'une réalisation impossible. *La Cour usera* donc *elle-même du droit d'appréciation, toutes les fois que, sous prétexte d'interprétation, les tribunaux auront porté atteinte à des droits que la loi a mis sous sa protection, ou lorsque, après avoir vérifié des actes ou constaté des faits, ils en auront tiré une conséquence légale erronée ou contradictoire*.

» D'un autre côté, le pouvoir des tribunaux d'interpréter les actes et contrats et de rechercher quelle a été l'intention des parties, ne doit pas aller jusqu'à changer la nature et l'essence des conventions, *telle qu'elle est établie d'une manière manifeste par la teneur des actes eux-mêmes*. Il y aurait là, en effet, une violation formelle de la loi du contrat.

» Que les cours d'appel soient souveraines dans leurs interprétations, que leurs arrêts, en ce point, se dérobent à la critique, c'est ce qu'on ne peut contester en thèse générale. Mais il en est de ce pouvoir comme de tous les autres : pour être respecté, il faut qu'il s'exerce dans ses limites légales ; par delà il n'a plus d'autorité. Or, si les cours d'appel ont le droit d'interpréter, on conviendra assurément qu'elles ne peuvent exercer ce droit que là où il y

a matière à interprétation, c'est-à-dire que là où il y a
doute, incertitude, obscurité *dans les textes* dont l'appréciation leur est déférée. Autrement, *elles n'interpréteraient
plus les contrats ; elles les modifieraient à leur gré ; elles
y écriraient leurs propres volontés à la place de celles des
parties.* — La première condition à laquelle il faille satisfaire, pour placer un arrêt sous la sauvegarde de l'inviolabilité interprétative, est donc de prouver qu'il y avait
quelque chose d'obscur et de douteux dans l'acte mis en
discussion ; qu'il était nécessaire de le commenter, de l'expliquer, pour lui faire obtenir l'exécution qu'il devait recevoir....

» *Toutes les fois que la loi a pris le soin de donner elle-
même les caractères ou éléments constitutifs d'un contrat,*
d'une obligation ou d'un acte judiciaire quelconque, *il
suffit que ces caractères se retrouvent dans les actes inter-
venus entre les parties, pour que la loi se trouve en cause ;
par conséquent, si elle a été violée, la réparation doit
avoir lieu.* Il en sera de même dans tous les cas où la
loi a déterminé les effets des actes, contrats et conventions. »

Tous ceux qui se sont attachés à définir nettement les
attributions de la Cour de cassation, mettent en avant les
mêmes idées, toutefois avec une moins grande abondance
de développements (1).

85. Il y a plus : la Cour suprème elle-même a, de
tout temps, posé et appliqué les mêmes règles. Notre
éminent confrère du barreau de Valenciennes, M° N. Re-
gnard a fourni, de cette dernière affirmation, la démonstration la plus complète, dans un mémoire présenté en

(1) Voyez notamment M. Tarbé, *Lois et règlements à l'usage de la
Cour de cassation,* p. 58 ; — M. l'avocat général Pons, dans l'affaire Blayac,
contre la veuve Royère, à l'audience du 22 juin 1812, (S. Dev. 13-1-25) ;
— Favard de Langlade, *Répertoire de la nouvelle législation,* t. ɪ, p. 410
et 411 ; — Toullier, *Droit civil français,* t. vɪ, n°s 193 et 194 ; — Bon-
ceune, *Théorie de la procédure civile,* 2° édition, t. ɪ, p. 502 ; — Mourlon,
Répétitions écrites sur le Code de procédure civile, n° 864, pag. 413 ;
— MM. Boitard et Colmet-Daage, *Leçons de Procédure civile,* t. 2, p. 130,
n°s 762 et suivants.

1869 à l'appui du pourvoi formé contre un arrêt de la cour de Douai du 10 Août 1869, (affaire Leclercq contre Lefebvre et dame Bernard).

Ainsi, en l'an v, la Cour de cassation déclarait (1) formellement, « que la loi ne laisse pas à l'arbitraire des juges le droit de dénaturer les actes. »

En 1812, elle proclamait le principe que (2) « lorsqu'il s'agit de déterminer la nature et l'essence d'un acte, dans le cas où la loi annule ou prohibe, une fausse interprétation qui tend à maintenir ce que la loi prohibe et annule, couvre une véritable violation de la loi, et qu'ainsi cette espèce d'interprétation ne peut être à l'abri du recours en cassation. »

En 1823, elle formulait plus solennellement encore ce même principe, en disant (3) : « Attendu que la Cour de cassation a le droit d'apprécier le mérite des arrêts des cours royales, lorsque ces arrêts déterminent le caractère des contrats dans leurs rapports avec les lois qui en assurent la validité; qu'il serait contraire au but de son institution, qu'elle dût s'abstenir d'annuler ces arrêts, lorsque, ayant donné de fausses qualifications aux contrats, et les ayant placés dans une classe à laquelle ils ne devaient pas appartenir, ils les auraient affranchis des règles spéciales auxquelles ils étaient soumis, ou les auraient soumis à des règles qui ne pouvaient pas leur être appliquées. »

« En 1835 (4), la Chambre civile exprimait la même pensée en disant « que la Cour de cassation a le droit d'apprécier le mérite des arrêts des cours royales, lorsque ces arrêts déterminent les caractères des contrats dans leurs rapports avec les lois qui les qualifient et qui en assurent la validité. » Elle ajoutait ce motif particulier à l'espèce : « que, s'il était permis aux tribunaux d'admettre des

(1) Arrêt du 12 frimaire, dans l'affaire Fernel contre Bailly, (Dalloz, *Répertoire, verbo Cassation*, n° 1581.)

(2) Arrêt du 22 juin, affaire Blayac contre Royère, (Dev. 18-1-24).

(3) Arrêt du 26 juillet, affaire Delorme contre Guyot et consorts, (Dev. 23-1-378). Cet arrêt a été rendu par la Cour suprême, toutes chambres réunies.

(4) Arrêt du 5 mai, dans l'affaire de La Rochefoucauld, (S. 35. 1. 466).

considérations particulières pour changer le caractère ou la
nature des actes de libéralité, la loi qui limite la faculté
de disposer, en certains cas, pourrait être trop facilement
éludée. »

La même année (1), la Chambre des requêtes disait, de
son côté, « que toutes les fois que la loi détermine les
caractères distinctifs de l'acte, les arrêts qui, tout en
constatant, en fait, les mêmes caractères, néanmoins les
méconnaissaient, en en faisant résulter un acte différent
de celui caractérisé par la loi et consenti par les parties,
violent ouvertement non-seulement les dispositions du
contrat, mais celles encore de la loi, et ils sont, par conséquent, soumis à la censure de la Cour de cassation. »

En 1841 (2), la Cour suprême disait « que s'il appartient aux cours royales de statuer souverainement sur les
circonstances de fait qui peuvent faire connaître l'intention
des parties, et d'interpréter le sens et la lettre des clauses
des conventions consenties, il appartient à la Cour de
cassation de statuer sur l'application qui peut avoir été
faite par les arrêts des cours royales, aux conventions
ou actes litigieux, des dispositions de la loi qui déclarent
le caractère des actes ou qui déterminent les conditions
auxquelles on peut reconnaître ce caractère. »

En 1844 (3), elle disait encore « que s'il appartient aux
cours royales d'apprécier les faits et d'interpréter souverainement le sens et la lettre des conventions consenties, il
entre dans les attributions essentielles de la Cour de
cassation d'examiner si, dans l'exercice de ce pouvoir,
les cours royales n'ont pas méconnu les caractères de la
convention, dans ses rapports avec la loi qui en a défini les
éléments constitutifs. »

(1) Arrêt du 15 juillet 1836, dans l'affaire du duc de Villequier contre la
vicomtesse de Cayeux (S. 36. 1, 153).

(2) Arrêt du 22 juin, dans l'affaire Barbaud contre Vergne-Dugoulet et
autres, (S. 41. 1. 473).

(3) Arrêt du 24 avril, dans l'affaire des héritiers Combes contre Combes-
Syeies (S. 44 1. 401).

En 1849 (1), elle donnait une nouvelle sanction à sa jurisprudence constante, en déclarant « que s'il appartient au juge du fait de rechercher dans un acte la commune intention des contractants, de la dégager des clauses incertaines ou contradictoires de cet acte et des faits qui peuvent s'y rattacher, il ne peut lui appartenir de modifier arbitrairement un contrat, sous prétexte d'interprétation, d'en changer la nature ou l'essence, de lui donner une fausse qualification pour le placer dans une classe à laquelle il serait étranger, ou pour l'affranchir des règles particulières qui doivent le régir, ou pour le soumettre à des règles qui ne lui sont pas applicables. »

En 1855 (2), la Cour répétait « que s'il appartient aux cours impériales et aux tribunaux de constater les faits et d'apprécier les intentions des parties, la Cour de cassation est investie du droit d'examiner si les conséquences que les cours et tribunaux ont tirées de ces faits sont conformes à la loi. »

En 1863 (3), elle disait : « que s'il appartient, en général, aux juges du fait d'apprécier souverainement les conventions des parties, il n'en saurait être ainsi lorsqu'il s'agit du caractère légal des actes et des éléments constitutifs qui tiennent à l'essence des contrats, suivant la nature propre à chacun d'eux ; que, dans ce cas, cette interprétation touche aux principes et à la loi elle-même ; qu'elle peut en constituer la violation, et qu'elle est, dès lors, soumise au contrôle de la Cour de cassation. »

En 1869, la Cour suprême, expliquant d'une manière plus précise encore la mission qui lui est dévolue, s'exprimait ainsi qu'il suit, dans son arrêt du 3 mars, affaire Beaurain contre Godonet, (Dev. 69-1-149) : « S'il appartient aux tribunaux de rechercher les faits, d'apprécier les actes et les intentions des parties, la Cour de cassa-

(1) Arrêt du 4 juin, dans l'affaire Flandrin et autres contre Paris et Gardin, (S. 49. 1. 487).

(2) Arrêt du 6 février, dans l'affaire Londès contre Aury, (S. 55. 1. 586).

(3) Arrêt du 6 juillet, dans l'affaire Alata contre Roux, (S. 63. 1. 421).

tion doit *toujours* vérifier si les conséquences tirées de ces constatations sont juridiques. »

En 1870, la Cour de cassation déclarait qu'il lui appartient de vérifier si les faits constatés par les juges du fond présentent réellement les caractères d'une ratification expresse ou tacite : ch. civ. 18 janvier 1870, (D. P. 1870-1-127 et 128).

En 1870, la Cour suprême formulait encore la solution suivante : « La décision par laquelle le juge du fait déclare que les déclarations de l'avocat, constatées par les qualités ; sont ambiguës ou contradictoires, et ne peuvent pas, comme telles, constituer soit un aveu judiciaire, soit un contrat judiciaire, tombe sous le contrôle de la cour régulatrice : ch. civ. 22 mars 1870, (D. P. 1871-1-41), affaire Coiret contre époux Perrier-Desloges.

En 1871, nous rencontrons, à la date du 28 novembre, (D. P. 1872-1-55), Fournel contre Fournel, un nouvel arrêt, par lequel la Cour de cassation déclare avoir le droit d'apprécier la teneur d'un acte argué de substitution, pour reconnaître s'il contient réellement une substitution prohibée.

Enfin, nous mentionnerons un arrêt du 15 avril 1872, veuve Foucauld et Coulombe contre Pringault, (D. P. 1872-1-176), lequel formule la règle générale qui suit : « Il n'appartient pas aux juges du fait, lorsque les termes d'une convention sont clairs et précis, de dénaturer les obligations qui en résultent et de modifier les stipulations qu'elles renferment. » Comparez cass. 18 juillet 1871, (D. P. 1871-1-283), et surtout les conclusions de M. l'avocat général Paul Fabre, à propos de l'arrêt de rejet du 22 novembre 1865, (D. P. 1866-1-108 et 109).

Cette esquisse rapide suffit pour montrer comment la Cour de cassation comprend la haute mission qui lui est confiée, et pour faire voir avec quelle sollicitude elle veille à assurer le respect de la loi.

FIN

TABLE GÉNÉRALE DES MATIÈRES

www.ingramcontent.com/pod-product-compliance
Lightning Source LLC
LaVergne TN
LVHW050619060726
842527LV00004B/1117